EDITH ZERBIN-RÜDIN

VERERBUNG UND UMWELT BEI DER ENTSTEHUNG PSYCHISCHER STÖRUNGEN

ERTRÄGE DER FORSCHUNG

Band 28

EDITH ZERBIN-RÜDIN

VERERBUNG UND UMWELT BEI DER ENTSTEHUNG PSYCHISCHER STÖRUNGEN

2., völlig überarbeitete und erweiterte Auflage

1985

WISSENSCHAFTLICHE BUCHGESELLSCHAFT

DARMSTADT

CIP-Kurztitelaufnahme der Deutschen Bibliothek

Zerbin-Rüdin, Edith:
Vererbung und Umwelt bei der Entstehung psychischer Störungen / Edith Zerbin-Rüdin. –
2., völlig überarb. u. erw. Aufl. – Darmstadt:
Wissenschaftliche Buchgesellschaft, 1985.
(Erträge der Forschung; Bd. 28)
ISBN 3-534-05636-1
NE: GT

1 2 3 4 5

Bestellnummer 5636-1

Satz: Maschinensatz Gutowski, Weiterstadt
Druck und Einband: Wissenschaftliche Buchgesellschaft, Darmstadt
Printed in Germany
Schrift: Linotype Garamond, 10/11

ISSN 0174-0695
ISBN 3-534-05636-1

Meinem Vater, Professor Ernst Rüdin,
dem Pionier der psychiatrischen Erbforschung,
zum Gedenken seines 100. Geburtstages

INHALT

VORWORT ZUR 2. AUFLAGE

Eine Überarbeitung des Büchleins ist notwendig geworden. Dem Verlag sei herzlich gedankt, daß er einem völligen Neudruck zugestimmt hat.

Die Ursachen psychischer Störungen liegen leider großenteils immer noch im dunkeln. Dennoch hat sich unser Wissen in den letzten 10 Jahren bedeutend erweitert; wichtige neue Befunde wurden erhoben, verheißungsvolle Ansätze gemacht.

Auf dem Gebiet der geistigen Behinderung erkannte man neue chromosomale und stoffwechselbedingte Formen. Die pränatale Diagnose kranker Feten erfuhr eine beträchtliche Erweiterung ihrer Möglichkeiten und, in etwas geringerem Maße, auch die Erkennung von äußerlich gesunden, heterozygoten Anlageträgern.

In der Schizophrenieforschung und -lehre werden zwar immer noch extreme Positionen vertreten, doch hat die synthetisierende Betrachtungsweise an Boden gewonnen. Neuerdings versucht man, das Schizophrenieproblem mit Hilfe von biologischen, insbesondere genetischen Markern anzugehen.

Alkoholismus und andere Drogensuchten nahmen und nehmen beängstigend zu, während andererseits den therapeutischen und präventiven Bemühungen nicht der Erfolg beschieden ist, der dem großen Engagement und den hohen finanziellen Aufwendungen entsprechen würde. Das führte zu verstärkter Forschung nicht nur auf dem psychologischen, sondern auch dem biologischen Sektor. Beim Suchtgeschehen stehen Umwelteinflüsse im Vordergrund, doch sind auch genetische Komponenten beteiligt, wie Adoptions- und Zwillingsstudien sowie biochemische Befunde zeigen.

Die Gentechnologie machte eine rasante Entwicklung durch. Manches, was vor 10 Jahren noch in nebelhafter Ferne zu liegen schien, steht vor der Realisierung oder ist bereits Wirklichkeit geworden. Daraus ergeben sich eine Reihe von drängenden Problemen. Es sind allerdings andere als die in der Laienpresse gelegentlich hochgespielten Schreckgespenste wie Mensch-Tier-Fabelwesen oder außer Kontrolle geratene Superbakterien; sie sind humanitärer, ethischer und juristischer Art. Wenn sich alle Menschen, nicht nur die Wissenschaftler, kritisch und verantwortungsbewußt verhalten würden – was aber nicht eine grundsätzlich negierende Haltung impliziert –, sollten sie zu lösen sein.

München, im Februar 1985 Edith Zerbin-Rüdin

EINLEITUNG

(Problemstellung)

Jeder Fachmann und jeder Laie, der mit psychisch Kranken zu tun hat, macht sich Gedanken über die Ursache ihres Leidens. Dies entspringt einmal dem allgemein menschlichen Kausalbedürfnis, besonders aber dem Wunsch, vorbeugen oder heilen, kurz, helfen zu können.

Psychische Erkrankung erscheint zwar manchmal als klare Folge einer Hirnverletzung, als verständliche Reaktion auf ein schweres Erlebnis oder als logischer Schlußpunkt einer Kette von mißlichen Ereignissen. Sehr oft aber imponiert sie als rätselhafter, fremdartiger Einbruch in die bisherige Existenz eines Menschen. Die Ursache liegt also keineswegs immer offen zutage, und daher haben die Ansichten darüber im Laufe der Zeiten gewechselt und sind auch heute noch recht gegensätzlich. In der Antike und im Mittelalter sah man im Geisteskranken entweder einen vom Teufel Besessenen oder aber das Sprachrohr eines Gottes. Die Behandlung variierte dementsprechend von Verstoßung und grausamer Tötung bis zu andachtsvoller Verehrung. Auch heute finden sich unter Sektenangehörigen, unter Schamanen und Medizinmännern gelegentlich psychisch Kranke, in deren Visionen, dunklen Reden und ungewöhnlichem Gebaren die Offenbarungen einer Gottheit gesehen und verehrt werden.

Im 19. Jahrhundert, dem Zeitalter der wachsenden Bedeutung der Naturwissenschaften, erkannte man die psychischen Störungen allgemein als Krankheiten an. Es fiel den Psychiatern auch auf, daß diese Krankheiten in manchen Familien gehäuft vorkamen, und man schloß daraus, daß Vererbung vorliegen müsse. Den Sitz vermutete man im Zentralnervensystem und 1845 gelangte der deutsche Psychiater GRIESINGER [36] * endgültig zu der Überzeugung, daß die Geisteskrankheiten Gehirn-

* Die in eckigen Klammern erscheinenden Zahlen verweisen auf die entsprechenden Titel im Literaturverzeichnis.

krankheiten seien. Die Hirnforschung machte sich mit Erfolg daran, die Hirnstruktur aufzuklären, und sie konnte bald für einige Geistesstörungen strukturelle Veränderungen im Gehirn als Ursache aufdecken. Weit später als die Neuroanatomie entwickelten sich Neurophysiologie und Neurochemie, die sich mit der Hirnfunktion und dem Hirnstoffwechsel befassen. Da sie mit dem lebenden Gehirn und nicht, wie die Neuroanatomie, mit dem toten zu tun haben, stießen sie auf weit größere methodische Schwierigkeiten. Dennoch gelangen ihnen fundamentale Entdeckungen besonders in den letzten drei Jahrzehnten. Heute ist die Hirnforschung eine hochgradig interdisziplinäre Wissenschaft, und Neuromorphologie, Neurophysiologie, Neurochemie, Neuropharmakologie, Neurologie, somatisch orientierte Psychiatrie, Experimentalpsychologie und Verhaltensforschung arbeiten gemeinsam daran, weitere Kenntnisse über die normale und krankhafte Funktion des Gehirnes zu gewinnen. [15, 41, 58, 83, 100]

Auf der anderen Seite erkannten manche Ärzte, besonders aber die Theologen und Philosophen, die Geistesstörungen zwar als Krankheiten an, betonten aber, daß es Krankheiten des Geistes und der Seele seien, die keine körperliche Grundlage haben könnten. Diese Ansicht hat nach dem 2. Weltkrieg unter gesellschafts- und sozialpolitischen Aspekten einen lebhaften Aufschwung genommen und wird besonders von Soziologen und Psychologen verfochten. Die Krankheitsursache, früher in Schuld und Sünde vermutet, sieht man heute in seelischen Traumen und Belastungen verschiedener Art. Die familiäre Häufung schrieb man früher einer Art Erbsünde zu, heute erklärt man sie mit sog. „sozialer Vererbung" oder „psychischer Ansteckung" auf Grund des ähnlichen Milieus, das die Mitglieder einer Familie teilen.

Die heutigen Vertreter der letztgenannten Richtung müssen freilich im Vergleich zu ihren Vorgängern beträchtliche Einbußen in Kauf nehmen, denn im Laufe der Zeit ist für immer mehr geistige Störungen eine Abnormität der Hirnstruktur oder der Hirnfunktion entdeckt worden. Sie schließen jedoch um so hartnäckiger, wenn man bei einer Reihe psychischer Erkrankungen bis jetzt immer noch keine körperliche Grundlage gefunden hat, so gibt es auch keine und kann es keine geben. Diese Schlußfolgerung ist in Anbetracht der Entdeckungsgeschichte des vergangenen Jahrhunderts, insbesondere der letzten Jahrzehnte, recht kühn. Neueste, sehr geistreich angelegte Untersuchungen an Adoptivkindern und an Zwillingen haben jedenfalls gezeigt, daß Erbfaktoren *doch* an der Entstehung auch solcher psychischer Störungen beteiligt sind, bei denen man bis jetzt keine körperliche Grundlage kennt; Erbanlagen können wir uns aber nicht anders als stofflich vorstellen.

Die Wahrheit dürfte, wie so oft, in der Mitte liegen, indem augenscheinlich körperliche *und* psychische Einflüsse, Erbanlage *und* Umwelt am Zustandekommen psychischer Störungen beteiligt sind. Nicht „Körper *oder* Seele" und „Anlage *oder* Umwelt" lautet heute die Fragestellung, sondern „Körper *und* Seele" und „Anlage *und* Umwelt". Besonders die Neuropsychologie und Psychophysiologie, auch Psychobiologie genannt, suchen den Leib-Seele-Dualismus zu überbrücken und Licht in die Zusammenhänge zwischen Seelenleben und biologischen Prozessen zu bringen. [8] Psychiatrische Genetik, Verhaltensforschung und Verhaltensgenetik bemühen sich, die Art der erblichen Grundlage, besonders aber auch ihre Interaktion mit der Umwelt zu erforschen. [31, 35, 76, 79] Ganz allmählich beginnen wir zu verstehen, wie diese komplizierte Zusammenarbeit im einzelnen vor sich geht; und einige interessante Ergebnisse sind bereits erarbeitet worden.

EINIGE GRUNDBEGRIFFE DER GENETIK UND DER INTERAKTION VON ANLAGE UND UMWELT

Ein systematischer Grundriß der Genetik kann und soll hier natürlich nicht gegeben werden; dafür gibt es eigene Bücher. [11, 74, 16 a] Aber einige kurze und skizzenhafte Bemerkungen können vielleicht zum besseren Verständnis der gerade bei den psychischen Störungen recht komplizierten Verhältnisse beitragen.

Bekanntlich wird nicht ein fertiges Merkmal vererbt, blaue Augenfarbe etwa, sondern die Möglichkeit und die Anweisung, daß und wie blaue Augenfarbe zu produzieren sei. Vererbt wird also nicht konkrete Realität, sondern codierte Information. In der Ei- und in der Samenzelle sitzt nicht ein fertiges, winzig kleines Menschlein, das sich im Laufe der Entwicklung nur auszudehnen braucht, wie man sich das im Mittelalter vorgestellt hat. Die Keimzellen enthalten vielmehr, ebenso wie alle anderen Körperzellen, in ihrem Zellkern die Chromosomen als Träger der Erbinformation. Man kann sie im Mikroskop sehen. Die Körperzellen enthalten 2 mal 23, also 46 Chromosomen. Die Geschlechtszellen enthalten nur den halben Chromosomensatz; bei der Befruchtung verschmelzen sie und das neue Lebewesen hat wieder die komplette Chromosomenzahl, die Hälfte von der Mutter, die andere Hälfte vom Vater.

Der für die Erbinformation wesentliche Bestandteil der Chromosomen ist die sog. Desoxyribonukleinsäure, abgekürzt DNS. In ihr ist in raffinierter Weise und auf engstem Raum die gesamte erbliche Information untergebracht. Und zwar sind die Anweisungen für die erblichen Eigenschaften des Menschen mit einer Schrift aus vier Buchstaben niedergeschrieben, so ungefähr, wie sich das Morsealphabet aus drei Elementen – Punkt, Strich, Zwischenraum – zusammensetzt. Im genetischen Alphabet bestehen die vier Buchstaben aus vier Basen, namens Cytosin, Thymin, Adenin und Guanin, also aus chemischen Verbindungen, die durch Zucker und Phosphorsäure in wechselnder Folge verbunden und zu den großen DNS-Molekülen zusammengefügt werden.

Unter einem Gen versteht man traditionsgemäß die Einheit der Erbsubstanz, die ein bestimmtes, meist äußerlich sichtbares Merkmal bewirkt. Nach moderner Auffassung ist ein Gen derjenige Teil eines Chromosoms bzw. diejenige Menge DNS, die für die Bildung eines bestimmten Proteins verantwortlich ist. Bekanntlich bestehen die Lebewesen zum großen Teil aus Eiweißverbindungen. Da die Gene also funktionell definiert sind und man sie im Mikroskop innerhalb der Chromosomen vorläufig nicht, oder höchstens andeutungsweise, erkennen kann, sind sie als hypothetische Einheiten anzusehen. Daher kann man auch ihre Zahl nur indirekt erschließen. Die Zahl der menschlichen Gene wird auf 1 bis 3 Millionen geschätzt. Dabei dürfte die Zahl der Strukturgene, also jener Gene, die für die Struktur einer Substanz kodieren, um 50 000 liegen. Die Zahl der Regulatorgene, jener Gene also, die die Produktion einer Substanz in Gang setzen oder stoppen, ist wahrscheinlich um mindestens eine Zehnerpotenz höher und ist somit mit etwa 500 000 zu veranschlagen. Vom Rest weiß man wenig. Es könnte sich um Reservegene handeln.

Das genetische Material, die DNS, hat zwei Aufgaben zu erfüllen:

1. Es muß die Erbinformation von Generation zu Generation weitergeben. Dies geschieht durch Verdoppelung der Erbinformation, Zellteilung und Fortpflanzung. Die Erbinformation wird sozusagen immer wieder abgeschrieben und jede neue Zelle erhält wiederum die gesamte Information.

2. Das genetische Material muß dafür sorgen, daß die Erbinformation auch realisiert wird. Dies geschieht, indem die DNS bestimmte chemische Botenstoffe, die sog. Boten-RNS oder Messenger-RNS entsendet. Diese wandert zu den Ribosomen, das sind Körperchen innerhalb der Zelle, die die einfachsten Eiweißverbindungen aufbauen, winzige Eiweißfabriken sozusagen. Die Boten-RNS wandert also dorthin und veranlaßt die Produktion der verschiedenen Eiweißstoffe. Diese haben entweder selbst schon bestimmte Aufgaben zu erfüllen, z. B. als Enzym, oder sie dienen als Bausteine zu weiterem Aufbau. Bei der Gestaltung komplexer äußerlich sichtbarer Merkmale greifen zahlreiche Genprodukte ineinander.

Beide Vorgänge, Weitergabe und Realisierung der Erbinformation, funktionieren hervorragend und verlaufen weitgehend eigengesetzlich. Ganz starr und völlig unempfindlich gegen

Außeneinflüsse sind sie jedoch nicht. Die Natur hält nicht nur die Konstanz erprobter Arten durch Vererbung aufrecht, sondern sie gibt ihren Geschöpfen auch die Möglichkeit der Anpassung und Wandlung. Damit vereint sie die beiden anscheinend so gegensätzlichen Prinzipien der Tradition und des Fortschrittes.

Schon bei der Verdoppelung der Erbinformation können Fehler unterlaufen, Abschreibfehler sozusagen. So entstehen Erbänderungen oder Mutationen. Mutationen treten spontan auf, ihre Häufigkeit kann aber durch bestimmte Umweltbedingungen wie radioaktive Strahlung oder Chemikalien erhöht werden. Sie erfolgen immer zufällig und ungerichtet, also sinn- und zwecklos. Erst die Umwelt entscheidet, ob eine Mutation brauchbar oder unbrauchbar ist, d. h., ob sie ihrem Träger einen Lebensvorteil oder einen Nachteil gegenüber der ursprünglichen Form verleiht. Man nennt das Auslese oder Selektion. Dieses Verfahren ist ziemlich unrationell, denn auf zahllose, Tausende von Mutationen, die schlechter sind als die Ausgangsform, kommt höchstens eine, die eine Verbesserung bedeutet. Dies gilt besonders für hochdifferenzierte Organismen. Man kann sich das folgendermaßen klarmachen: Die Erbinformation eines funktionsfähigen Organismus gleicht einem sinnvollen Buchtext. Wird blind und willkürlich irgendwo ein Buchstabe oder ein Wort verändert oder falsch abgeschrieben, so gibt es einen Druckfehler, und die Wahrscheinlichkeit ist äußerst gering, daß der Text wiederum sinnvoll oder gar verbessert wird. Es kommt aber dennoch manchmal vor, und die Evolution der gesamten belebten Welt hat offenbar auf diese unrationelle Art und Weise stattgefunden, nämlich durch Mutationen und darauf folgende Selektion mit Vernichtung der vielen wertlosen Varianten. Die Natur hat eben genügend Zeit und Material, und sie geht verschwenderisch damit um.

Ferner sind zahlreiche Abwandlungen bei der Realisierung der ererbten Anweisung möglich. Die Erbinformation steckt den Kreis des Möglichen ab, die Umwelt hat aber ein großes Mitspracherecht, was davon realisiert wird und wie es realisiert wird. Es gibt z. B. eine Primelart, die je nach Temperatur weiß oder rot blüht. Sie blüht aber niemals blau oder gelb, auch nicht bei noch so extremen Temperaturen oder sonstigen ungewohnten Umweltbedingungen, denn das ist in ihrer Erbausstattung nicht vorgesehen. Die erblichen Anweisungen sind mehr oder weniger streng und erlauben mehr oder weniger Spielraum: Es gibt umweltlabile und umweltstabile Eigenschaften. Das Körpergewicht z. B. ist eine umweltlabile Eigenschaft. Es ist zwar durch erbliche Faktoren auf eine gewisse arteigene Spanne beschränkt. Ein erwachsener Mensch z. B. kann etwa 50–150 kg wiegen, aber niemals so schwer werden wie ein ausgewachsener Elefant. Innerhalb dieser arteigenen Grenzen jedoch zeigt das Gewicht große individuelle Schwankungen. Außer von individuellen Erbfaktoren hängt es weitgehend von Umweltbedingungen wie Ernährung und Bewegungsausmaß ab. So kann eine zu Fettsucht prädisponierte Person bei Mangelernährung magerer sein als eine zu Magerkeit veranlagte Person bei Überernährung. Die Körpergröße dagegen ist ziemlich umweltstabil und, soweit sie überhaupt von Umweltfaktoren beeinflußbar ist, nur während der Wachstumsperiode.

Das Erbgut steht niemals im luftleeren Raum, sondern entfaltet seine Wirkung immer in einer bestimmten Umwelt, und die Umwelt wirkt immer auf das Erbgut zurück. Für normale Entwicklung und richtiges Funktionieren eines Organismus müssen Anlage und Umweltbedingungen zusammenpassen und aufeinander abgestimmt sein. Das Gleichgewicht kann von jeder der beiden Seiten her gestört werden. Bei der engen Verflechtung ist jedoch meist auch die andere Seite ein wenig mitbeteiligt. Die Folge ist, daß rein anlagebedingte und rein umweltbedingte Krankheiten selten sind, die Mehrzahl der Krankheiten liegt zwischen diesen beiden Extrempolen, jeweils näher dem einen oder dem anderen Pol, und wird in verschiedenem Ausmaß von beiden Größen – Anlage und Umwelt – bestimmt. Selbst anscheinend rein umweltbedingte Störungen tragen noch eine genetische Komponente in sich und umgekehrt sind sogenannte reine Erbleiden oft noch irgendwie von der Umwelt abhängig.

Um es überspitzt auszudrücken: Sogar der unfallbedingte Verlust eines Armes hat noch eine genetische Komponente. Es liegt nämlich nicht in der Erbausstattung des Menschen, einen verlorenen Arm nachwachsen zu lassen. Ganz anders dagegen die Eidechse! Sie kann sich einfach einen neuen Schwanz wachsen lassen, wenn sie den alten eingebüßt hat! Ein etwas seriöseres Beispiel stellen die Infektionskrankheiten dar. Sie beruhen auf bakteriellen Infektionen, jedoch nicht alle Menschen, die von einem Bakterium befallen wurden, erkranken auch wirklich. Ob sie erkranken, hängt einmal von der augenblicklichen gesundheitlichen Verfassung, aber auch von der erblichen Veranlagung ab. Bei der Agammaglobulinämie z. B. bedingt das Fehlen eines bestimmten Eiweißkörpers im Blut Widerstandslosigkeit gegen jede Art von Infektionen. Die Agammaglobulinämie kann sowohl ererbt als auch durch bestimmte Krankheiten erworben sein. Andererseits spielt selbst bei eindeutigen Erbkrankheiten die Umwelt eine Rolle. Der Phenylbrenztraubensäure-Schwachsinn z. B. ist ein klassisches Lehrbuchbeispiel für ein rezessives Erbleiden. Infolge eines rezessiv erblichen Enzymmangels kann das in der menschlichen Nahrung enthaltene Phenylalanin nicht ordnungsgemäß abgebaut werden. Die Ansammlung nicht abgebauter Stoffwechselprodukte im heranwachsenden Gehirn wirkt toxisch und verursacht Schwachsinn. Bei rechtzeitig, d. h. kurz nach Geburt begonnener phenylalaninfreier Diät entwickeln sich die Kinder ziemlich normal. Ein Umweltfaktor also, das Phenylalanin der Nahrung, läßt den Erbschaden manifest werden und wiederum ein Umweltfaktor, entsprechende Diät nämlich, kann das Manifestwerden verhüten. Das ändert aber natürlich nichts daran, daß es sich um ein Erbleiden handelt, nämlich um den rezessiv erblichen Mangel des Enzymes Phenylalaninoxydase!

Die Verhältnisse werden noch dadurch kompliziert, daß es umweltbedingte Störungen gibt, die einem Erbleiden sehr ähnlich sehen oder sogar völlig gleichen. Man nennt sie Phänokopien. Ein bekanntes Beispiel sind die kindlichen Mißbildungen, die auftraten, wenn die Mutter zu einer bestimmten Zeit während der Schwangerschaft das Schlafmittel Contergan genommen hatte. Das Contergan greift offenbar an der gleichen Stelle in die Embryonalentwicklung ein wie ein pathologisches Gen, und es verursacht Mißbildungen, z. B. Verkürzungen oder Fehlen von Gliedmaßen, die erblichen Formen zum Verwechseln ähnlich sehen, aber natürlich nicht weitervererbt werden.

Zum Schluß seien noch kurz die Mendelschen Gesetze ins Gedächtnis gerufen. Der Augustinerpater Gregor Mendel entdeckte diese Erbgangsregeln im Jahre 1865 durch seine Kreuzungsversuche an Erbsenpflanzen.

Ein Merkmal kann sich dominant, rezessiv, intermediär oder polygen vererben. Bei Dominanz genügt *ein* Partner eines Genpaares, um das Merkmal hervorzurufen. Das Merkmal, eine Krankheit z. B., vererbt sich in direkter Folge von den Eltern auf die Kinder. Jeder Merkmalsträger hat einen ebenfalls betroffenen Elternteil, und seine Kinder werden zu je 50 %

betroffen und nicht betroffen sein. Eine gesunde Person hat das kranke Gen nicht und kann es folglich auch nicht weitervererben. Beim Menschen ist leider die Schwierigkeit die, daß sich dominante Merkmale nicht immer lehrbuchmäßig verhalten, sondern gelegentlich auch latent bleiben und eine oder sogar mehrere Generationen überspringen. Man spricht dann von unvollständiger Dominanz.

Bei rezessivem Erbgang sind die *beiden* Partner eines Genpaares notwendig, um das Merkmal hervorzurufen. In der Praxis sieht das so aus, daß ein äußerlich gesundes Elternpaar plötzlich ein krankes Kind hat. Die Eltern besitzen das Gen verdeckt in einfacher Dosis und sind daher nicht krank. Das Kind hat unglücklicherweise von beiden Eltern gerade das kranke Gen geerbt und besitzt es somit in doppelter Dosis. Das Krankheitsrisiko für die Kinder eines solchen mischerbigen Elternpaares beträgt 25 %; weitere 25 % sind völlig frei von der Krankheitsanlage und 50 % sind wiederum äußerlich gesunde mischerbige Überträger, ebenso wie die Eltern.

Additive oder intermediäre Vererbung liegt dann vor, wenn ein Gen allein eine gewisse Wirkung entfaltet, z. B. leichte Erkrankung, zusammen mit seinem Partner aber eine deutlichere Wirkung, z. B. schwere Erkrankung.

Bei polygener Vererbung ist nicht nur ein Genpaar beteiligt, sondern mehrere oder viele, die sich in ihrer Wirkung summieren. Sie ist besonders kompliziert und schwer nachweisbar.

Was wir beim Menschen, so wie er vor uns steht, vor Augen haben, ist sein Phänotyp, sein Erscheinungsbild. Dieser ist vom Genotyp, dem Erbbild, meilenweit entfernt. Die äußerlich sichtbaren menschlichen Merkmale sind meist genfern, sie haben von der Anlage bis zur endgültigen Ausgestaltung zahllose Reaktionen und Zwischenstufen durchlaufen. Sie beruhen auch meist nicht auf einem einzigen Gen, sondern sind das Ergebnis von Genwirkketten und Genwirknetzen. Daher ist es nicht verwunderlich, wenn sie zwar des öfteren offensichtlich erbabhängig sind, aber dennoch keinen klaren Mendelschen Erbgang erkennen lassen. Könnten wir die genetischen Einzelkomponenten entwirren, so würden wir bei ihnen, oder zumindest einem Teil von ihnen, klassische Erbgangsverhältnisse finden. Das gilt auch für die psychischen Eigenschaften – normale wie krankhafte.

METHODEN DER ERBFORSCHUNG BEIM MENSCHEN

Die grundlegenden Erkenntnisse der Genetik sind nicht am kompliziertesten aller Lebewesen, dem Menschen, gewonnen worden, sondern an Tieren und Pflanzen. Die traditionellen Methoden der Erbforschung im Bereich der Zoologie und Botanik beruhen auf Selektion, Kreuzung und Mutationsauslösung. Dazu bedient sich die sog. moderne Genetik oder Molekulargenetik neuerdings einer Vielfalt histologischer, zytologischer, biochemischer, physikalischer und gentechnologischer Methoden und benutzt dazu möglichst einfache Lebewesen, die sich rasch und stark vermehren, also Bakterien, Viren und niedere Pilze.

Beim Menschen stoßen solche Methoden auf unüberwindliche ethische und praktische Schwierigkeiten. Man kann den Menschen nicht züchten und nur beschränkt mit ihm experimentieren. Auf einem anderen Blatt steht allerdings, daß die Menschheit insgesamt – nicht etwa die Wissenschaftler – seit Jahrhunderten mit sich selbst und mit der Umwelt kräftig herumexperimentiert und dies leider durchaus nicht bewußt oder gar verantwortungsbewußt tut, sondern unbewußt und blind. Für die reine Beobachtung hat der Forscher zwar bei Bakterien und Fliegen Hunderte von Generationen mit Tausenden von Individuen zur Verfügung. Beim Menschen aber, dessen Generations- und Lebensdauer genauso lang wie seine eigene ist, und der nur wenige Nachkommen hat, kann er bestenfalls 3 oder 4 Generationen und nur eine beschränkte Personenzahl überblicken.

Einen gewissen Ersatz bieten Zwillinge und Adoptivkinder. Sie stellen sozusagen natürliche und ungewollte Experimente dar, wir werden gleich darauf zurückkommen. Auch die Beobachtung von Menschen oder Menschengruppen, die zeitweise oder dauernd unter extremen Bedingungen leben (z. B. Astronauten, Insassen von Konzentrationslagern, Überlebende eines Atombomben-Abwurfes, primitive Eingeborenenstämme), kann gelegentlich wertvolle Aufschlüsse geben. Das gleiche gilt von Untersuchungen in abgeschlossenen Gebieten mit starker Inzucht, z. B. geographischen Isolaten oder religiösen Enklaven.

Die älteste Methode der Erbforschung am Menschen ist zweifellos die Familienforschung. Seit alters her weiß man, daß manche Eigenschaften in bestimmten Familien gehäuft vorkommen und daß sich Eltern, Kinder und Geschwister mehr gleichen als nichtverwandte Personen. Da nur wenige menschliche Eigenschaften und Krankheiten einen klaren Erbgang zeigen und da der einzelne Mensch nur eine kleine Nachkommenzahl hat, ist der Aussagewert einzelner Stammbäume begrenzt. Daher stellt man größere Serien von Patienten und ihren Familien zusammen und berechnet empirische Risikoziffern, auch Erkrankungswahrscheinlichkeiten, Gefährdungsziffern oder korrigierte Prozentzahlen genannt. Dabei setzt man die Zahl der kranken und gesunden Personen zueinander in Beziehung, und zwar für jeden Verwandtschaftsgrad getrennt, also jeweils für Eltern, Geschwister, Kinder usw. Mitunter ist es noch notwendig, rechnerische Alterskorrekturen vorzunehmen. Es ist klar, daß man z. B. bei einer Krankheit, die sich erst nach dem 20. Lebensjahr zeigt, Kinder nicht einfach als „nicht betroffen" einreihen darf. Anstatt einer stichprobenmäßig gewonnenen Serie kann man auch ganze Bevölkerungsgruppen untersuchen. Solche epidemiologischen Forschungen bieten zahlreiche Vorteile, sind aber finanziell und arbeitsmäßig wesentlich aufwendiger. Die skandinavischen Länder mit ihren abgeschlossenen Bergtälern und Inselbevölkerungen bieten dafür besonders günstige Bedingungen.

Familiäre Häufung braucht allerdings noch kein absoluter Beweis von Erblichkeit zu sein, sondern kann auch aus der gleichen Umwelt resultieren. Die Erkrankung mehrerer Geschwister z. B. kann im Ausnahmefall auf dem gleichen vorgeburtlichen, nichterblichen Schaden, einem chronischen Leiden der Mutter etwa, beruhen. Wahrscheinlicher allerdings ist rezessive Vererbung. Umgekehrt spricht es durchaus nicht gegen Erblichkeit, wenn in einer Familie nur ein einziger Fall auftritt, besonders dann nicht, wenn der Kranke nur wenige oder gar keine Geschwister hat, wie das bei der Kleinheit der heutigen Familien nicht selten der Fall ist. Es kann sich um ein seltenes rezessives Leiden handeln; außerdem ist an Neumutationen zu denken, wenn sie auch nur selten auftreten.

In der Zwillingsforschung bieten die verschiedenen Konstellationsmöglichkeiten – erbgleiche und erbverschiedene Zwillinge, zusammen und getrennt aufgewachsene Zwillinge – die Chance, Erb- und Umwelteinflüsse bis zu einem gewissen Grad auseinanderhalten zu können. Zwillingspaare, ob sie nun eineiig oder zweieiig sind, leben gewöhnlich in einer sehr ähnlichen, ja fast gleichen Umwelt. Eineiige Zwillinge (EZ) haben außerdem noch gleiches Erbgut, da sie aus einer einzigen Eizelle entstanden sind. Zweieiige Zwillinge (ZZ) dagegen haben verschiedenes Erbgut und gleichen sich darin nicht mehr als Geschwister, denn sie stammen von zwei verschiedenen Eizellen ab. Stimmen nun eineiige Zwillinge in einer Eigenschaft häufiger und stärker überein als zweieiige – man nennt die Übereinstimmung Konkordanz –, so drückt sich darin die Wirkung der Erbanlage aus. Sind sich eineiige Zwillingspartner, selbst wenn sie getrennt aufgewachsen sind, immer noch ähnlicher als zweieiige Zwillinge, die zusammen aufgewachsen sind, so ist dies ein weiterer und sehr deutlicher Hinweis auf Erblichkeit.

Dagegen müssen Unterschiede zwischen eineiigen Zwillingspartnern die Folge von Umwelteinflüssen sein. Gegen Erblichkeit einer Eigenschaft spricht es auch, wenn sich eineiige Zwillinge darin nicht ähnlicher sind als zweieiige Zwillinge. Weitere Argumente für und gegen die Zwillingsforschung siehe S. 63 f.

Besonders bei psychischen Eigenschaften und Krankheiten stellen Untersuchungen an Heimkindern und Adoptivkindern eine wichtige Ergänzung der Zwillingsforschung dar. Kinder in Waisenhäusern und Heimen leben in der gleichen Umwelt, besitzen aber verschiedene Erbausstattung. Entwickeln sie sich trotz der gleichen Umwelt verschieden, bekräftigt dies die Annahme einer hereditären Ursache.

Die Untersuchungen an Adoptivkindern nützen die Tatsache aus, daß hier biologische Familie und soziale Familie verschieden ist und nicht, wie im Normalfall, identisch. Leidet ein Adoptivkind später an einer psychischen Störung und ist die Störung auch in seiner biologischen Familie vermehrt, mit der es aber niemals zusammen gelebt hat, so läßt dies auf eine erbliche Grundlage schließen. Kommt die Störung dagegen in der Adoptivfamilie vermehrt vor, in der das Kind aufgewachsen, mit der es aber nicht blutsverwandt ist, so würde das auf Umwelteinfluß hindeuten. Adoptivkinder erscheinen auf den ersten Blick als ideale Studienobjekte. Aber leider ergeben sich beträchtliche Schwierigkeiten: Erstens lehnen die Adoptiveltern häufig jede spätere Kontaktnahme mit den Kindern ab, da sie eine Beunruhigung des Kindes und eine Beeinträchtigung der Eltern-Kind-Beziehung befürchten. Zweitens werden sowohl die zur Adoption gelangten Kinder als auch die Adoptiveltern sorgfältig gesiebt und geprüft. Diese Auslesevorgänge komplizieren die Situation ungemein.

ANLAGE UND UMWELT BEI PSYCHISCHEN EIGENSCHAFTEN

Psychische Eigenschaften lassen sich nicht direkt und schon gar nicht präzise messen. Man kann sie entweder aus den Verhaltensweisen eines Individuums beobachtend erschließen. Oder man versucht, sie durch standardisierte Tests und Fragebogen zu erfassen.

Da psychische Eigenschaften und die entsprechenden Verhaltensweisen der Kommunikation und Auseinandersetzung des Individuums mit der Umwelt dienen, ist es logisch, daß sie sich in ganz besonders enger Wechselbeziehung mit eben dieser Umwelt entwickelt haben und daß diese Interaktion dauernd fortbesteht. Es sind sehr komplexe und variable Merkmale. Sie stellen das Endresultat zahlreicher Reaktionen und Gegenreaktionen dar, sind also genfern und umweltlabil. Wir wissen über sie viel weniger als über körperliche Merkmale. Wir können sie nicht in einzelne Erbradikale auflösen und wissen auch nicht, ob sie das phänotypische Endprodukt eines einzigen Gens oder eines umfangreichen Genkomplexes sind. Nach den Erfahrungen der allgemeinen Genetik kann ein einfaches Merkmal auf mehreren Erbanlagen beruhen und ein anscheinend kompliziertes Bild durch eine einzige Erbanlage zustande kommen. Wir kennen keine stofflichen Grundlagen, etwa eine Eiweißverbindung, die Jähzorn bewirkt, oder ein Enzym für Intelligenz, wenn auch zweifellos das Zentralnervensystem etwas mit der Psyche zu tun hat. Das alles hat dazu geführt, die Beteiligung von Anlagefaktoren überhaupt zu leugnen, was jedoch nicht gerechtfertigt ist. Auch psychische Eigenschaften und Verhaltensweisen sind artspezifisch und erblich angelegt, und Züchtungsexperimente an Fliegen, Ratten, Hunden und anderen Tieren haben die Existenz genetischer Grundlagen immer wieder bestätigt. Es gibt Entwicklungen und Reifungsvorgänge, die völlig autochthon, d. h. ohne jeden Anstoß von außen, ablaufen. Oft aber müssen zur Anlage noch bestimmte Umweltreize und Lernvorgänge hinzukommen, damit sich regelrechte Verhaltensmuster ausbilden. Beim Vogelgesang z. B. ist es so, daß er sich entweder autochthon entwickeln kann oder aber erlernt werden muß. Schall-isoliert aufgezogene Junge mancher Vogelarten entwickeln das volle Gesangsrepertoire ihrer Art, ohne jemals diesen Gesang gehört zu haben. Bei anderen Arten dagegen produzieren die isolierten jungen Vögel nur einige monotone Lautfolgen; den charakteristischen Gesang lernen sie erst von ihren Eltern und Artgenossen.

Besonders eindrucksvoll, aber auch schwer durchschaubar ist die Anlage-Umwelt-Interaktion in den Prägungsvorgängen, wie sie besonders LORENZ [63, 64] und seine Schüler erhellt haben. Prägungen finden meist während sog. sensibler Phasen statt, d. h. Umweltreize sind für die ordnungsgemäße Entwicklung genetisch angelegter Verhaltensweisen notwendig, können aber nur innerhalb bestimmter Entwicklungsphasen wirksam werden. Einmal vollzogene Prägungen sind häufig irreversibel, und durch Prägungsvorgänge können erblich verankerte, an sich flexible Verhaltens- und Reaktionsweisen unwiderruflich fixiert und durch Kettenreaktionen immer weiter in eine bestimmte (gute oder schlechte!) Richtung gelenkt werden. Besonders bekannt geworden sind die Untersuchungen von *Lorenz* an Graugänsen. Das Mutterbild der kleinen Graugänse wird durch den ersten Gegenstand geprägt, den sie nach dem Schlüpfen erblicken. Normalerweise ist dies eben die Graugansmutter. Zeigt man künstlich ausgebrüteten Graugansküken als erstes jedoch etwas ganz anderes, eine Schachtel etwa oder den experimentierenden Professor, so erkennen sie diesen Gegenstand oder diese Person als Mutter an und laufen ihm nach.

Ein weiteres Beispiel ist die Prägung des sexuellen Verhaltens bei Enten. [88] Isoliert aufgezogene Enten zeigen später bei der Partnersuche Kontaktschwierigkeiten und Unsicherheit. Mit artfremden Genossen aufgezogene Enten ziehen bei der Partnerwahl häufig Enten dieser anderen Art ihren Artgenossen vor; schließlich neigen Erpel, die ausschließlich mit ihresgleichen aufgezogen wurden, später zur Bildung homosexueller Lebensgemeinschaften.

Die alte Hypothese, daß frühe Lebenserfahrungen die Ausbildung des Charakters und des späteren Verhaltens beeinflussen, hat sich also mit modernen Forschungsmethoden weitgehend bestätigt. Relativ neu ist jedoch die Erkenntnis, daß Lebenserfahrungen und psychische Reize nicht nur Verhaltensstile prägen, sondern auch strukturelle und funktionelle Hirnveränderungen bewirken können. Ratten, die in einem engen Käfig mit extrem eingeschränkter Bewegungsmöglichkeit und ohne jegliche Spiel- und Beschäftigungsgeräte aufgezogen worden waren, unterschieden sich später zunächst durch ihr Verhalten von den unter besseren Bedingungen aufgewachsenen Kontrolltieren. Sie waren weniger lebhaft und nicht so interessiert und in ungewohnten Situationen waren sie ängstlicher und brauchten länger, um sich anzupassen. Als man dann das Gehirn mikroskopisch untersuchte, fanden sich dort auch Strukturunterschiede. Die Hirnrinde war dünner, was vorwiegend daher kam, daß die Zahl der Stützgewebszellen verringert war; aber auch die Nervenzellen selbst waren kleiner, die Blutgefäße enger und der Enzymgehalt niedriger. Es bestand sozusagen eine Inaktivitätsatrophie des Gehirnes, so ähnlich wie ein allgemeiner Muskelschwund eintritt, wenn jemand monatelang unbeweglich zu Bett liegt. Information und Anregung scheinen also für die Ausbildung nervöser Strukturen ebenso wichtig zu sein, wie Vitamine oder Energiezufuhr für andere Organe.

Nun wird man freilich einwenden, daß der Mensch kein Tier sei. Ja, vielen erscheint die Vorstellung, daß der Mensch, die „Krone der Schöpfung“, wie alle anderen lebenden Organismen der Vererbung unterliege und letzten Endes „tierischen Erbgesetzen“ unterworfen sei, unerträglich und blasphemisch. Andere bestreiten zwar die Vererbung körperlicher Eigenschaften auch beim Menschen nicht, es widerstrebt ihnen aber anzuerkennen, daß die menschliche Persönlichkeit und Seele vom Körper abhängig sei und ebenfalls auf Vererbungsgesetzen beruhe, wenn vielleicht auch nur indirekt und entfernt. Sie sind damit Anhänger der dualistischen Weltanschauung, die Leib und Seele, wie alles Seiende, auf zwei ursprüngliche, gegensätzliche und nicht auseinander abzuleitende Prinzipien zurückführt. Bei der Ablehnung jeglicher Erbgrundlage für psychische Vorgänge wird meist auch von der irrigen Vorstellung ausgegangen, „erblich“ sei gleichzusetzen mit „unwiderruflich vorausbestimmt“. Daß dem nicht so ist, wurde auf S. 7 ff. dargelegt: Die Erbanlage steckt lediglich einen gewissen Kreis möglicher Reaktionen ab. Durch die Gleichsetzung von Vererbung und absoluter Determination entstehen Konflikte mit religiös-philosophischen Maximen, z. B. dem Postulat der Willensfreiheit. Auch juristische Konsequenzen ergeben sich. Wenn sich der Mensch auf Grund einer psychischen Krankheit so verhält, daß er andere schädigt und den Gesetzen der Gesellschaft zuwiderhandelt, so ist dies ein Grund zu Strafminderung oder Straffreiheit. Man kann nun weitergehen und folgern, daß nicht nur durch eigentliche Krankheit, sondern auch durch erbliche Persönlichkeitsveranlagung Willens- und Handlungsfreiheit so weit eingeschränkt oder völlig aufgehoben sind, daß der Betreffende nicht oder nicht voll verantwortlich gemacht werden darf. Menschheit und Gesetz sind sich jedoch bei weitem nicht klar darüber, wo Schuld und Sünde aufhört und wo Krankheit und anlagebedingtes Schicksal anfängt. Das Problem beginnt insofern an Bedeutung zu verlieren, als man neuerdings dazu neigt, auch schlechte Umweltverhältnisse als strafmildernd zu betrachten. Es gibt gewisse Richtungen, die letzten Endes dazu führen, einen Sexualmörder z. B. zu exkulpieren, ganz gleich, ob er aus einer angeborenen abnormen Anlage heraus gehandelt hat, oder ob man annimmt, daß frustrierende Kindheitserlebnisse zu dieser unglücklichen Entwicklung geführt haben.

Der Einwand, daß der Mensch kein Tier sei, erfolgt natürlich zu Recht. Während selbst noch verhältnismäßig hochstehende Tiere an recht starre präformierte Reaktionsabläufe gebunden sind, hat sich der Mensch durch seine Lernfähigkeit und Anpassungsfähigkeit davon relativ unabhängig gemacht und sich dadurch seine Spitzenstellung in der Evolution gesichert. [17, 18] Daß damit die biologischen und erbbiologischen Gesetze ihre Gültigkeit für ihn vollständig verloren hätten und daß Geist und Seele völlig unabhängig vom Körper geworden seien, entspricht aber offensichtlich nicht den Tatsachen. [109] FREEDMAN [28] unter vielen anderen hat sich nachdrücklich dagegen gestellt, daß Charakter und Verhalten des Menschen ausschließlich durch psychische Erlebnisse und durch die soziale und kulturelle Umwelt geformt werden. Er führte Untersuchungen an Zwillingen unter einem Jahr durch, in einem Alter also, in dem gegenseitiges Imitieren des Verhaltens noch keine wesentliche Rolle spielt. Und er wählte die Babies aus verschiedenen Bevölkerungsgruppen aus: In Amerika lebende Chinesen, Japaner, Indianer und Weiße; ferner in Amerika und Afrika lebende Neger. Er gelangte zu folgenden Schlußfolgerungen:

Es stimmt zwar, daß unterschiedliche kulturelle Praktiken das Verhalten der Babies unterschiedlich belohnen; ebenso wahrscheinlich ist es aber, daß biologische Prädispositionen bestimmen, was zur kulturellen Norm erhoben wird. Die Tendenz, kulturell bedingte Verhaltensunterschiede ausschließlich mit sozialen Lernvorgängen zu erklären, kann nicht unwidersprochen bleiben; eine holistische Position scheint am vernünftigsten, in welcher der Mensch als bio-soziales Wesen und als gemeinsames Produkt seiner ontogenetischen Geschichte und seiner phylogenetischen Vergangenheit anerkannt wird.*

Offenbar stellt der Körper die Basis für psychische Vorgänge dar. Psychische Vorgänge laufen physikalischen und biologischen Gesetzen nicht zuwider. Höchstens ließe sich denken, daß es für sie noch Zusatzregeln gibt. So etwa wie die Quantenphysik auf einer anderen Ebene liegt als die herkömmliche Physik. Sie ist mit deren Regeln nicht zu erklären, verletzt ihre Gesetze aber in keinem Punkt.

Auf weltanschauliche Aspekte können wir hier nicht näher eingehen. Es ist schon viel darüber geschrieben worden, und es hat auch nicht an Versuchen gefehlt, subjektive religiöse und philosophische Vorstellungen mit objektiven naturwissenschaftlichen Befunden in Einklang zu bringen. Es sei hier nur an die Schriften des französischen Jesuitenpaters Teilhard de Chardin [105] und an das interessante Buch des englischen Verhaltensforschers Thorpe [107] ›Der Mensch in der Evolution‹ erinnert. Der französische Nobelpreisträger Monod [70] dagegen – und viele andere mit ihm – lehnt eine solche Denkweise rundweg ab. Für ihn ist der Mensch allein dem Zufall entsprungen und sein gesamtes körperliches und psychisches Sein beruht ausschließlich auf biologischen Vorgängen und Gesetzen.

Die Zwillingsforschung hat jedenfalls bewiesen, daß auch beim Menschen viele psychische Eigenschaften und Verhaltensweisen erblich angelegt sind, denn EZ, selbst wenn sie getrennt und in verschiedener Umgebung aufgewachsen sind, gleichen sich darin weit stärker als zusammen aufgewachsene ZZ. Freilich gleichen sich EZ durchaus nicht immer „wie ein Ei dem anderen". Die zwischen ihnen vorhandenen Differenzen sind Ausdruck der Spielbreite und Plastizität der Erbanlage und ein Hinweis auf Umwelteinflüsse.

Die Ähnlichkeit von EZ ist am größten in körperlichen Eigenschaften. Sie sind z. B. in ihren Blutgruppen und Gewebsfaktoren so gleich, daß Organverpflanzungen bei ihnen, und nur bei ihnen, komplikationslos einheilen. Das große Problem bei den Organverpflanzungen besteht bekanntlich darin, daß der Emp-

* Übersetzt v. Verf.

fängerorganismus fremde Organe als Fremdkörper erkennt und versucht, sie abzustoßen, auch wenn sie von Verwandten oder sorgfältig nach Übereinstimmung der Gewebsfaktoren ausgesuchten Spendern stammen. Nur bei EZ ist dies nicht der Fall. Auch in anderen körperlichen Merkmalen wie Haar- und Augenfarbe, Irisstruktur und Ohrform gleichen sich EZ zum Verwechseln. Man macht sich die starke Erbabhängigkeit und weitgehende Umweltunabhängigkeit dieser Merkmale in den Vaterschaftsgutachten zunutze.

In psychischen Eigenschaften ist die Ähnlichkeit von eineiigen Zwillingen verschieden groß, je nachdem, welche Eigenschaften man prüft und wie man sie untersucht. Alles in allem gleichen sich EZ überraschend, und zwar auch, wenn sie getrennt aufgewachsen waren.

Die genetische Intelligenzforschung stellt ein großes Gebiet für sich dar [20, 85], auf S. 91 f., 97 ff. finden sich einige Bemerkungen hierzu.

Zwei amerikanische Psychologieprofessoren, Lykken und Bouchard, sammelten aus der ganzen Welt Zwillingspaare, die spätenstens vom 3. Lebensjahr an getrennt aufgewachsen waren, und unterzogen sie etwa eine Woche lang gründlichen psychologischen Untersuchungen. Ein Paradebeispiel ihrer Forschung sind eineiige Zwillingsbrüder, die auf Trinidad einem jüdischen Vater von einer deutschen Mutter geboren wurden. Kurz nach der Geburt kehrte die Mutter nach Deutschland zurück und nahm Oskar mit. Oskar wurde von der Großmutter im katholischen Glauben erzogen und auch in die Hitlerjugend geschickt. Heute lebt er als Industriekaufmann in Deutschland. Jack wuchs als Jude auf, teils bei seinem Vater in der Karibik, teils in einem Kibbuz in Israel, und betreibt jetzt ein Kleidergeschäft in San Diego. Als sich die beiden erstmals anläßlich der Untersuchung in Minneapolis trafen, war die Ähnlichkeit in Aussehen, Haltung und Bewegungen verblüffend. Die Brüder stimmten aber auch im Verhalten, in kleinen Angewohnheiten und Essensvorlieben weitgehend überein. Beide werden als arbeitswütig geschildert und haben in der Ehe dominierende Pascha-Manieren. Beide lieben es, die Umstehenden zu schockieren, indem sie ungeniert, laut und oft niesen. Oskar konnte sich nicht an allen Tests und Fragebogen beteiligen, da er nur deutsch spricht. Aber in jenen Beurteilungsbogen, die in deutscher Übersetzung vorliegen, ergaben sich außerordentlich ähnliche Persönlichkeitsprofile.

Der Bericht über Oskar und Jack ist immerhin erstmals in einer wissenschaftlich so angesehenen Zeitschrift wie Science erschienen und später vom Spiegel [96] übernommen worden. Trotzdem stellt er leider auch Zufallsduplizitäten heraus, die zwar publikumswirksam sind, mit Vererbungswissenschaft aber nichts mehr zu tun haben. Als „Geheimnis der sieben Ringe" werden Zwillingsschwestern geschildert, die bei ihrem ersten Wiedersehen „jeweils sieben Fingerringe an gepflegter Hand" trugen. Ohne voneinander zu wissen, heirateten zwei Brüder jeweils Frauen namens Linda und zwei andere hatten beide als Kinder ihre Hunde „Toy" (Spielzeug) und später ihre Söhne James Alan bzw. James Allan genannt.

Lykken und Bouchard sahen sich durch ihre Forschungsresultate zu der Feststellung veranlaßt:

> Wir schätzen den Einfluß der Gene auf das Verhalten höher ein als zuvor und empfinden gleichzeitig auch mehr Respekt vor der prägenden Kraft der Umwelt [...] Unser Großhirn *ist* programmiert, bei jedem Menschen (mit Ausnahme von EZ) auf eine einzigartige Weise – aber diese genetisch vorliegenden Programme werden durch Erfahrung erst konkret ausgestaltet [...] Wir sind anpassungsfähig, nicht nur als Spezies, sondern auch als Individuen.

Weiteres über getrennt aufgewachsene Zwillingspaare siehe S. 32 f.

Untersuchungen an Serien zusammen aufgewachsener Zwillingspaare führten zu ganz ähnlichen Ergebnissen und Schlußfolgerungen. Die neueren amerikanischen Zwillingsstudien befassen sich mit Vorliebe mit sozial relevanten Eigenschaften und Verhaltensweisen [118], die aber den Nachteil haben, besonders komplex und umweltabhängig zu sein. Die Deutung der Befunde wird zusätzlich dadurch erschwert, daß nicht nur Umwelteinflüsse wechseln können, sondern auch die Expressivität der Anlage je nach Lebensalter, Geschlecht, Kulturkreis und Umwelteinflüssen. Immerhin korrelieren die EZ deutlich höher für „Soziabilität", Emotionalität, Impulsivität und Aktivität als die ZZ.

Gottschaldt [34] in Deutschland begnügte sich nicht damit, Gleichheiten und Unterschiede bei Zwillingspartnern in einer einmaligen Untersuchung festzustellen; er wollte die Entwicklung beobachten. Nachdem er bereits vor dem letzten Weltkrieg in Zwillings-Ferienlagern Schlaf- und Spielverhalten studiert hatte, verfolgte er eine Zwillingsserie über lange Jahre hinweg vom Kindes- bis ins Erwachsenenalter. In „abstrakt-realem Niveau“ und „dynamischen Grundlagen“ stimmten die Zwillinge auch als Erwachsene noch weitgehend überein, nicht dagegen in „Mentalität“ und „sozial-personalem Oberbau“. Hier konnten bereits in der Jugend Unterschiede auftreten, die sich mit zunehmendem Alter verstärkten. Die Ähnlichkeit von EZ bleibt bis ins höchste Alter bestehen, wie eine Langzeitstudie aus New York an über 65 Jahre alten Zwillingen zeigt. [52] Die EZ ähnelten sich nicht nur in körperlichen Eigenschaften wie Glatzen- und Gesichtsfaltenbildung, sondern auch in ihren psychischen Leistungen bzw. deren Abfall. Bekanntlich nehmen psychische Aktivitäten je nach Art der Leistung und nach Person im Alter unterschiedlich stark ab. Bei EZ waren die Veränderungsmuster immer gleichartig.

Außer eineiigen Zwillingen gibt es kaum zwei Menschen, die in ihrem körperlichen Erscheinungsbild oder gar hinsichtlich ihres gesamten enzymatischen Musters identisch sind. Perfekte Doppelgänger sind extrem selten. Wenn für einen Filmstar ein Double benötigt wird, muß der Maskenbildner meist kräftig nachhelfen. Ob echte Doppelgänger dem „Original“ auch in ihrer physiologischen Ausstattung, in der Zusammensetzung ihrer Körpergewebe und -flüssigkeiten so ähnlich sind, daß sie als Herz- oder Nierenspender in Frage kämen, ist unseres Wissens noch nicht untersucht worden und auf jeden Fall fraglich. Wenn sich also die menschlichen Individuen körperlich so stark unterscheiden, warum sollten sie dann psychisch ursprünglich alle gleich sein? Der Mensch ist bei der Geburt nicht ein leeres Blatt Papier – eine tabula rasa oder eine black box, wie die Behavioristen sagen –, das allmählich wahllos mit den Erfahrungen beschrieben wird, welche die Umwelt vermittelt. Der Mensch trägt vielmehr, wie jedes Lebewesen, von Anfang an seine eigenen und individuellen Reaktionsmöglichkeiten in sich und ist nicht ausschließlich das Produkt der Haltungen und Fehlhaltungen, der Vorzüge und Nachteile seiner Umgebung. Er ist das Ergebnis eines außerordentlich komplizierten Wechselspiels von Erbanlage und Umwelt, wobei sich diese beiden Größen nicht einfach summieren, sondern vielfach verflechten und wechselseitig beeinflussen.

Eine demagogische Gleichheitstheorie ist gefährlich und sicher falsch. [22] Nicht Gleichheit aller Menschen ist zu proklamieren, sondern Gleichheit der Chancen für alle ist zu fordern und zu realisieren. Gerade bei gleichen Chancen wird sich dann aber zeigen, daß eben nicht alle Menschen gleich sind und nicht jeder alle vorhandenen Möglichkeiten nützen kann! Damit bedarf auch der Slogan von der Gleichheit der Chancen einer Einschränkung. Jedes Individuum braucht nämlich die spezielle Chance, gerade die ihm angeborenen Fähigkeiten ausbilden und nutzbringend verwenden zu können. Was nützt einem potentiellen Caruso Unterricht in der Relativitätstheorie, und hätte man wohl von einem erstklassigen Boxtraining Einsteins umwälzende Neuerungen erwarten dürfen?

Andererseits zeigt gerade die Zwillingsforschung, daß bei der Ausgestaltung der endgültigen und individuellen Persönlichkeit auch nichterbliche Einflüsse mitbeteiligt sind. Trotz des gleichen Erbgutes sind eineiige Zwillinge keineswegs in allem identisch, und die regelmäßige photographische Gleichheit von Zwillingsschicksalen ist ein Märchen. Mehr oder weniger seriöse Zeitschriften berichten von Zeit zu Zeit von eineiigen Zwillingen, die zu gleicher Zeit an dem gleichen Leiden erkrankt und zur selben Stunde gestorben sind. Sofern diese Beispiele überhaupt der Wahrheit entsprechen, stellen sie extrem seltene Einzelfälle dar.

Die psychologischen Unterschiede von eineiigen Zwillingen liegen meist noch innerhalb der Schwankungsbreite, die ein Mensch bei wiederholter Untersuchung oder Testung aufweist. Eineiige Zwillinge sind sich also ungefähr so ähnlich, wie ein und derselbe Mensch mit sich selbst zu verschiedenen Zeiten und bei wiederholter Testung. In Einzelfällen können die Unterschiede aber beträchtlich sein und genau so groß oder fast so groß wie bei zweieiigen Zwillingen. Man erinnere sich an die Unterschiede, die Gottschaldt in der gesamt-persönlichen Haltung, der real-inhaltlichen Lebensperspektive von EZ-Partnern feststellte. Amerikanische Autoren allerdings fanden ihre EZ auch in sozialen Haltungen (Verhalten bei politischen Wahlen, Beurteilung gesellschaftlicher Verhältnisse, soziale Aktivitäten) höchst ähnlich.

Die Berliner Zwillingsuntersuchung, die wie Gottschaldt eineiigen Zwillingen über Jahrzehnte hinweg nachging [57, 108], fand ebenfalls, daß bei im allgemeinen ähnlicher Persönlichkeit gelegentlich auch Ausnahmen vorkommen. Besonders ein Paar dieser Serie entwickelte sich recht verschieden. [108] Der eine Zwilling besaß mehr geistige Interessen und fand seine berufliche Erfüllung als Jurist, der andere mit vorwiegend praktischer Neigung ergriff den Beruf eines Forstmeisters. v. VERSCHUER [108] erklärte diese Verschiedenheit folgendermaßen: Die geistig hochstehenden und seelisch differenzierten Zwillinge haben aus dem Reichtum ihrer Möglichkeiten verschiedene Anlagen zur Entfaltung gebracht.

Es gibt noch andere Erklärungen für verschiedene psychische Entwicklungen eineiiger Zwillinge. So können bei nicht sehr durchschlagkräftiger und umweltlabiler Anlage oder Disposition auch kleine oder zufällige Umweltunterschiede zu verschiedenen Entwicklungen und unerwarteten Ergebnissen führen. In einem getrennt aufgewachsenen EZ-Paar von LYKKEN und BOUCHARD [65] wurde eine Schwester Konzertpianistin; die andere dagegen spielte keine einzige Note, und ausgerechnet sie wuchs bei einer Adoptivmutter auf, die Klavierstunden erteilte. Die Mutter bot Vorbild und Möglichkeit, wollte aber das Kind zu nichts drängen, was es nicht selbst spontan zu tun wünschte. Die andere Adoptivmutter war nicht musikalisch, aber ehrgeizig. Sie wollte der Tochter möglichst viele Möglichkeiten eröffnen und hielt sie zum Klavierspielen und -üben an. Die Mädchen hatten offenbar nicht das Format eines Mozart, sonst wären wohl beide Pianistinnen geworden. Sie waren aber auch nicht unmusikalisch, denn dann hätte keine Pianistin werden können. Ihre Begabung lag dazwischen. Sie reichte nicht aus, um spontan zur Manifestation zu drängen trotz der günstigen Umstände. Aber sie genügte, um sich unter aktiv förderndem Umwelteinfluß zu entfalten. Ein blinder, unerbittlicher biologischer Determinismus herrscht nicht.

Während man früher besonders den Ähnlichkeiten der EZ nachging, schenkt man neuerdings gerade den Verschiedenheiten Aufmerksamkeit und sucht sie mit Hilfe der Diskriminanzanalyse zu fassen.

Erwachsene EZ können also, wenn auch selten, verschiedene geistige Welten, „Persönlichkeiten“ im landläufigen Sinn entwickeln, obwohl sie in intellektueller Leistungsdisposition, endothymer Grundausstattung und vitaler Ansprechbarkeit weitgehend übereinstimmen. Die individuelle Mentalität eines Menschen hängt demnach auch von den jeweiligen soziologischen, ökonomischen, historischen und kulturellen Bedingungen ab und nicht nur von seiner grundlegenden Persönlichkeitsstruktur.

Die Bedeutung der Umwelt und ihre engen Wechselbeziehungen mit der Erbanlage wurden mehrfach betont. Es leuchtet ohne weiteres ein, wie wichtig Erziehung, Ausbildung und Entfaltungsmöglichkeiten sind. Unter extrem schlechten Umweltbedingungen können sich im allgemeinen auch überdurchschnittliche Persönlichkeiten und Fähigkeiten, und gerade sie, nicht entwikkeln. Wären Beethoven, Einstein und Leonardo da Vinci in einem der hoffnungslosen Großstadt-Slums oder unter indischen Parias zur Welt gekommen, hätte die Menschheit vermutlich auf ihre überragenden Werke verzichten müssen. Umgekehrt können aber die sorgfältigste Erziehung und die günstigsten Möglichkeiten gewisse, von der Anlage her gesetzte Grenzen nicht überwinden.

ANLAGE UND UMWELT BEI DER ENTSTEHUNG PSYCHISCHER STÖRUNGEN

Endlich sind wir bei unserem eigentlichen Thema angelangt. Der beträchtliche Umfang der Vorbemerkungen ist der beste Beweis dafür, wie sehr dieses Thema mit den verschiedensten Wissensgebieten und Problemen verzahnt ist und was man alles bedenken und wissen sollte, um nicht entweder naiv oder aber voreingenommen voreiligen Trugschlüssen zum Opfer zu fallen.

Die psychischen Störungen systematisch abzuhandeln ist Aufgabe eines Lehrbuches. Einige Gesichtspunkte werden allgemeinverständlich in dem Buch ›Seelische Störungen‹ behandelt. [69] Hier können wir lediglich einige Beispiele aus der Fülle herausgreifen. Und zwar sollen das nicht die verhältnismäßig gut aufgeklärten Krankheitsbilder sein, sondern gerade die unklaren und umstrittenen, denn sie zeigen am besten die Problematik des Forschungsobjektes auf der einen Seite und Vorgehen und Methodik der genetischen Forschung auf der anderen.

In der Kontroverse Anlage *gegen* Umwelt wird leider oft rein dialektisch argumentiert; Einzelbeispiele werden angeführt, die es bekanntlich für alles und jedes gibt, und die keinen Anspruch auf Allgemeingültigkeit erheben können. Die Alternative Anlage *oder* Umwelt ist heute überholt und hat der Erkenntnis eines ungemein komplizierten Zusammenwirkens von Anlage *und* Umwelt Platz gemacht. Wir wollen nun im folgenden sehen, welche objektiven Daten sich für und wider jede der beiden Komponenten finden lassen und wollen versuchen, zu einer fruchtbaren Zusammenschau zu gelangen.

Da sich die gesunde Persönlichkeit aus dem Zusammenwirken von Anlage und Umweltfaktoren entwickelt, kann sie logischerweise auch von beiden Seiten her gestört werden. Meist sind beide Seiten mehr oder weniger beteiligt (vgl. S. 7 f.), und es ist häufig so, daß eine anlagemäßige Disposition erst unter bestimmten Umweltbedingungen zur Krankheit führt, während umgekehrt schädliche Umwelteinflüsse nur wirksam werden können, wenn sie auf eine bestimmte Erbanlage treffen. Ein Beispiel für die Beteiligung von Umweltfaktoren bei dem Manifestwerden einer erblichen Krankheit ist der Phenylbrenztraubensäure-Schwachsinn (siehe S. 9). Ein Beispiel für einen Umweltschaden, bei dem neben der augenblicklichen Verfassung (Ernährungszustand z. B.) auch erbliche Dispositionen eine gewisse Rolle spielen können, sind die Infektionskrankheiten.

Die Verhältnisse werden noch dadurch kompliziert, daß der menschliche Organismus nur über ein beschränktes Repertoire an Reaktionsmöglichkeiten verfügt und daher gelegentlich verschiedene Schädigungen mit der gleichen Reaktion beantwortet. Die gleiche Störung kann also sowohl auf einem pathologischen Gen beruhen als auch auf einem Umweltschaden (Phänokopien vgl. S. 9). Andererseits sind die Menschen in körperlicher und psychischer Hinsicht so verschieden, daß sie mitunter auch verschieden auf die gleiche Schädigung reagieren. Das ist nicht nur in der Psychiatrie und in der Genetik so, sondern in der gesamten Medizin: Darmstörungen z. B. können die verschiedensten Ursachen haben und oft vermögen erst Spezialuntersuchungen zu klären, ob ein hartnäckiger Durchfall seine Ursache in einer Infektion, einem Ernährungsfehler oder einem beginnenden Krebsleiden hat. Umgekehrt verläuft die gleiche Krankheit bei verschiedenen Menschen oft recht unterschiedlich. Eine Infektion mit Tuberkelbazillen z. B. kann die Halslymphdrüsen, den Darm oder die Lunge ergreifen; sie kann völlig unbemerkt ablaufen, zu Erkrankung und Ausheilung führen oder tödlich enden.

Kaum ein Grund zu Streitigkeiten besteht bei den körperlich begründbaren psychischen Störungen. Sie können z. B. auf einer Hirnverletzung durch Sturz, Autounfall oder Kopfschuß beruhen. Hirnverletzte sind oft – aber keineswegs immer – in ihrer intellektuellen Leistungsfähigkeit eingeschränkt und in ihrer Persönlichkeit verändert, entweder im Sinne einer passiven Apathie, oder sie werden im Gegenteil leicht erregbar. Dazu kommen Krampfanfälle oder Lähmungen. Auch infektiöse Erkrankungen des Gehirnes und der Hirnhäute, eine Kopfgrippe z. B., können bleibende psychische Veränderungen hinterlassen, während andere hochfieberhafte Infektionen wie z. B. Typhus gelegentlich zu vorübergehenden psychotischen Erscheinungen führen, die sich besonders durch getrübtes Bewußtsein und wilde Delirien auszeichnen.

Erbliche psychische Störungen und Schwachsinnsformen bieten ebenfalls wenig Anlaß zur Uneinigkeit, sofern sie auf faßbaren erblichen Mißbildungen des Gehirnes, erblichen Stoffwechselstörungen oder Chromosomenaberrationen beruhen.

Die Situation wird schwieriger und die Diskussion heftiger, wenn eine sichere körperliche Ursache der psychischen Störung nicht nachweisbar ist, wie z. B. bei den Persönlichkeitsstörungen, den endogenen und reaktiven Psychosen und einem Teil der geistigen Behinderung. Die Familien- und besonders die Zwillingsforschung hat zwar auch hier einen mehr oder weniger deutlichen Einfluß von Erbfaktoren festgestellt. Doch läßt sich kein klarer Erbgang erkennen und wir sind auf die empirischen Risikoziffern angewiesen (vgl. S. 12), die wesentlich niedriger liegen als die klassischen Mendelschen Spaltungsziffern von 25 % oder 50 %. Das hat dazu geführt, Vererbung prinzipiell zu leugnen und die Existenz einer körperlichen Grundlage überhaupt abzulehnen. Die Vertreter dieser Richtung setzen „Nichtbekanntsein" einer materiellen Grundlage gleich mit „Nichtvorhandensein". Sie erklären die psychische Erkrankung als verständliche Reaktion auf Umweltbelastungen und die familiäre Häufung durch „soziale Vererbung", d. h. mit dem ähnlichen Milieu der Familienmitglieder und einem Lernen falscher Empfindens-, Denk- und Verhaltensweisen. Dagegen ist einzuwenden, daß im Laufe der Jahre für immer mehr psychische Krankheiten eine körperliche Ursache gefunden worden ist, darunter auch für solche, bei denen man es früher nicht vermutet hätte. Die angeschuldigten psychischen Belastungen und Traumen sind weit verbreitet und sehr viele Menschen machen sie durch, ohne mit einer psychischen Erkrankung zu reagieren.

Im folgenden wollen wir uns mit einigen dieser strittigen Krankheiten etwas näher befassen.

PERSÖNLICHKEITSSTÖRUNGEN

Persönlichkeitsstörungen stellen im allgemeinen Varianten der normalen Persönlichkeit dar und sind wie diese multifaktoriell bedingt, d. h., sie sind von vielen Genen abhängig und von der Umwelt mitgeformt. [23, 116, 118] Persönlichkeitsveränderungen können jedoch auch Folge einer organischen Krankheit oder einer Verletzung des Gehirnes sein. Z. B. werden nach Hirnverletzungen gelegentlich psychopathieartige oder neurotische Zustände beobachtet und Personen, bei denen später ein Hirntumor entdeckt wird, fallen zunächst durch eine Veränderung ihres Charakters oder durch neurotische Störungen auf. Auch eine beginnende Schizophrenie oder die ersten Anzeichen eines erblichen Veitstanzes werden gelegentlich als Neurose verkannt.

Unter Psychoneurose versteht man gewöhnlich eine zeitlich begrenzte abnorme Persönlichkeitsreaktion (auf die Organneurosen, Herz-, Magen-Neurosen usw. können wir hier nicht eingehen); unter abnormer Persönlichkeit, die etwa dem alten Psychopathiebegriff entspricht, versteht man eine dauernde abnorme Persönlichkeitsstruktur oder Persönlichkeitsentwicklung. Da aber eine abnorme Persönlichkeit auch eher zu einer abnormen Reaktion neigen wird, und eine abnorme Reaktion bevorzugt von einer abnormen Persönlichkeit zu erwarten ist, sind die beiden Begriffe nicht scharf zu trennen und Überschneidungen finden statt. Außerdem können auch Neurosen chronisch, also zum Dauerzustand werden. Neurosen und Psychopathien sind vielgestaltig und bunt in der Symptomatik. Obgleich man Unterformen abgrenzt, sieht man selten einen Patienten, der eine ganz reine Form oder nur ein einziges Symptom hätte. Scharfe Grenzen zwischen den verschiedenen Unterformen von Neurose und Psychopathie sind also ebensowenig zu ziehen wie eine scharfe Grenze zwischen den beiden Oberbegriffen.

Psychoneurosen

Die Neurose ist – grob gesagt – eine unzweckmäßige oder schädliche Reaktion der – gesunden oder kranken – Persönlichkeit auf irgendwelche Umweltreize, oder anders ausgedrückt: sie ist das Resultat der fehlerhaften Verarbeitung eines Erlebnisses oder Tatbestandes. Nach Untersuchungen an englischen Fliegern [104] bedarf es bei stabiler Persönlichkeit einer starken Belastung, um eine neurotische Reaktion hervorzurufen. Bei abnormer Disposition dagegen genügt eine minimale Belastung.

Psychologie und Psychoanalyse suchen in mühevoller Arbeit und langwierigen Analysen zu klären, welche Umwelteinflüsse, welche Konfliktsituationen und Erlebniskonstellationen im Einzelfall zur Neurose führen und über welche psychologischen Mechanismen sich die Störung entwickelt. Die Literatur hierüber füllt nicht nur Bände, sondern eine komplette Bibliothek! Daher können wir hier gar nicht erst anfangen, auch nur die wichtigsten Ergebnisse zu referieren, wir können lediglich darauf hinweisen. Wir müssen uns hier darauf beschränken, zu zeigen, daß nicht ausschließlich und in jedem Fall widrige Umweltbedingungen die Ursache sind, sondern daß offensichtlich auch Anlagefaktoren eine Rolle spielen. Es verwundert, daß viele Psychoanalytiker jeglichen Erbeinfluß beim Zustandekommen der Neurosen radikal ablehnen, denn Altvater FREUD selbst erkannte ihn durchaus an, ja setzte ihn voraus. Er fühlte sich jedoch zu seiner Erforschung nicht kompetent und wollte das Problem lieber von der anderen Seite, der Umweltseite, her anpacken.

Lassen wir SIGMUND FREUD selbst sprechen:

> Die Psychoanalyse hat über die akzidentellen Faktoren der Ätiologie viel, über die konstitutionellen wenig geäußert, aber nur darum, weil sie zu den ersteren etwas Neues beibringen konnte, über die letzteren hingegen nicht mehr wußte als man sonst weiß. – Je nach dem Stande unserer Erkenntnis werden wir den Anteil der Konstitution oder des Erlebens im Einzelfalle anders einschätzen und das Recht behalten, mit der Veränderung unserer Einsichten unser Urteil zu modifizieren (S. FREUD 1912). [29]

Der Einfluß von Erbfaktoren ist zwar schwach, schwächer als bei anderen psychischen Störungen, und zudem bei verschiedenen Neurosen verschieden stark; aber er ist dennoch deutlich und nicht zu übersehen. [7, 33, 40, 84] Große Anstrengungen sind freilich noch nötig, bevor wir die Erbfaktoren genauer kennen werden.

Zur Veranschaulichung seien drei bekannte Neuroseformen, nämlich die Angstneurose, die Zwangsneurose und die neurotische Depression herangezogen. Bei der Angstneurose stehen Ängste im Vordergrund, die rational nicht begründbar sind, oder die zumindest in ihrem Ausmaß nicht begründet sind. Der Zwangsneurotiker steht unter dem unentrinnbaren Zwang, irgendwelche Handlungen in sinnloser Weise dauernd wiederholen zu müssen, so daß dadurch schließlich sein Leben völlig eingeengt ist und er unfähig zu Arbeit und Lebensgenuß wird. Der Kranke muß sich z. B. stundenlang ununterbrochen waschen, aus Furcht, andernfalls an einer Infektion zu erkranken oder sie weiterzuverbreiten. Oder er muß zwanghaft jeden Unrat von der Straße auflesen, da sonst ein Kind oder ein Greis darauf treten, ausgleiten und stürzen könnte. Beim Grübelzwang drehen sich die Gedanken bis zur Erschöpfung um ganz triviale Dinge (z. B. warum eine Gabel 4 Zinken habe, warum der Tisch Tisch heiße) oder um unlösbare Probleme (Ursprung der Welt, Perpetuum mobile). Leichte Zwangserscheinungen kommen gelegentlich auch bei gesunden Menschen vor, besonders bei starker Ermüdung, z. B. zwanghaftes Im-Kopf-Herumgehen einer Melodie, wiederholtes Kontrollierenmüssen, ob die Haustür geschlossen, der Wasserhahn zugedreht, der Brief eingeworfen sei. Die neurotische ebenso wie die reaktive Depression hat zwar, im Gegensatz zu der endogenen Depression, einen realen Anlaß. Die Reaktion geht jedoch weit über eine normale Reaktion der Trauer oder Verzweiflung hinaus, sie dauert länger an und erlangt schließlich Eigengesetzlichkeit und Krankheitswert. Erbfaktoren sind bei den Angstneurosen verhältnismäßig stark, bei den Zwangsneurosen weniger deutlich und bei den neurotischen Depressionen nur geringfügig beteiligt. [7, 33, 94] Wie kommt man zu dieser Aussage? Ganz allgemein weisen die Sippen von Neurotikern und ganz besonders von Psychopathen eine erhöhte Zahl abnormer Persönlichkeiten auf. Doch kann man schwer sagen, inwieweit diese familiäre Häufung der Anlage oder aber der Umwelt zur Last zu legen ist, denn meist ist das gesamte familiäre und soziale Milieu dieser Sippen ungünstig.

Hier hilft wieder einmal die Zwillingsforschung weiter. [7] Eineiige Zwillinge sind für Neurosen mit 57 % etwa doppelt so oft konkordant wie die zweieiigen mit 30 %. Diese Prozentzahlen sind Mittelwerte aus einer großen Zahl von Untersuchungen, wobei die einzelnen Untersuchungen oft recht unterschiedliche Ergebnisse erbrachten: Die Konkordanz der EZ schwankt zwischen 25–90 %, der ZZ zwischen 19–50 %. Diese Schwankungen rühren einmal daher, daß der Konkordanzbegriff verschieden streng gefaßt wird. Während manche Autoren Konkordanz nur dann annehmen, wenn beide Zwillingspartner gleichartig erkrankt sind (vollkommene Konkordanz), rechnen andere auch andersartige psychische Störungen beim Partner mit (bedingte Konkordanz), zweitens sind – wie bereits erwähnt – verschiedene Neurosen unterschiedlich stark erblich beeinflußt. Es kommt also darauf an, welche Art von Neurosen in einem bestimmten Untersuchungsgut vorwiegend vertreten sind. Sehr sorgfältige englische Untersuchungen [94, 95] haben z. B. gezeigt, daß bei der Angstneurose EZ zu 41 % konkordant sind, ZZ aber nur zu 4 %. Für die übrigen Neurosen, besonders die depressiven, ist die Konkordanz weit niedriger und für EZ und ZZ praktisch gleich hoch. Besondere Erwähnung verdienen die Untersuchungen von Schepank in Deutschland. [40, 84] Er ging als tiefenpsychologisch ausgebildeter Arzt und nicht als Genetiker an die Untersuchung neurotischer Zwillinge heran und gelangte dennoch und entgegen seinen ursprünglichen Erwartungen zu dem Schluß, daß Erbfaktoren an der Entstehung von Neurosen beteiligt seien. Der Ansatz war insofern neu, als er die Konkordanz von einzelnen Symptomen und nicht von kompletten Krankheitsbildern untersuchte. Auf diese Weise fand sich bei den EZ eine Konkordanz von 26 % und bei den ZZ von 14 %.

In England [89] und in Dänemark [49] machte man 41 bzw. 12 Zwillingspaare ausfindig, die im frühesten Kindesalter getrennt worden waren und sich oft erst im Erwachsenenalter, manchmal sogar erst anläßlich der Zwillingsuntersuchung, wiedergesehen hatten. Dabei handelte es sich keineswegs immer um psychisch gestörte, sondern auch um unauffällige Menschen. Die Zwillinge wurden auf verschiedenem Weg gesammelt: In England meldeten sie sich auf einen Aufruf im Fernsehen; in Dänemark wurden sie aus dem dänischen Zwillingsregister gewonnen, welches alle Zwillingsgeburten zwischen 1870 und 1910 umfaßt. Die Verhältnisse waren in beiden Gruppen recht ähnlich. Gelegentlich zogen Umweltunterschiede entsprechende Entwicklungsunterschiede nach sich. Sehr oft aber entwickelten sich die Zwillinge trotz extrem verschiedener Umwelt erstaunlich gleichartig, und dies nicht nur in körperlicher Hinsicht, sondern auch in psychischer. Insbesondere traten außerordentlich ähnliche nervöse Symptome, Angstzustände, depressive Verstimmungen, Schlaflosigkeit usw. jeweils bei beiden Zwillingspartnern auf.

Ein eindrucksvolles Beispiel möge als Illustration dienen [89]: Ein skandinavischer Schiffszimmermann hatte sich mit seiner Frau vorübergehend in Südamerika niedergelassen. Er war ein tüchtiger und unternehmungslustiger Arbeiter, aber unstet, starken Stimmungsschwankungen unterworfen und dem Alkohol ergeben. Als seine Zwillingstöchter nicht ganz 4 Jahre alt waren, verkaufte er eine von beiden, Berta, an ein spanisch sprechendes Arztehepaar skandinavischer Abkunft, um seine Schulden begleichen zu können. Berta besuchte eine höhere Schule, studierte Sozialwissenschaften, Sprachen und Musik und heiratete mit 22 Jahren einen französischen Fabrikbesitzer. Sie lebte in verschiedenen südamerikanischen Städten, besaß eine Stadtvilla und ein Landhaus und führte ein ruhiges und umsorgtes Leben. Die Ehe blieb kinderlos. Seit ihrem 11. Lebensjahr wußte sie, daß sie ein Adoptivkind war, jedoch wachten ihre Adoptiveltern streng darüber, daß kein Kontakt mit ihrer Familie zustande kam und sandten alle Briefe ungeöffnet zurück. Erst mit 36 Jahren bekam Berta zufällig einen Brief ihres Vaters an die Adoptivmutter in die Hände. Sie machte sich brieflich mit ihrer Zwillingsschwester bekannt, ein reger Briefwechsel entwickelte sich und schließlich wurde ein Treffen in England vereinbart. Die Zwillingsschwester Herta lebte zunächst mit den Eltern in verschiedenen einsamen Küstenorten Lateinamerikas, wo sie nicht einmal Gelegenheit zum Schulbesuch hatte. Mit 9 Jahren kehrte sie mit der Mutter nach Skandinavien zurück, der Vater folgte später. Mit 12 Jahren mußte sie bereits zum Verdienst der Familie beitragen und Pakete austragen. Mit 14 Jahren verließ sie die Schule, arbeitete als Kindermädchen, Dienstmädchen und Kellnerin. Mit 21 Jahren zog sie in eine größere Stadt, wo sie schließlich ein eigenes Restaurant betrieb und die Gäste durch Gesang zur Gitarre unterhielt. (Berta hatte Musik studiert, war vor ihrer Ehe in einem Theaterballett aufgetreten und hatte Gedichte für eine Zeitung geschrieben.) Herta heiratete mit 23 Jahren, die Ehe war jedoch unglücklich und wurde geschieden. Der Mann, ein Trinker und Sadist, schlug sie und hätte sie einmal beinahe erwürgt. Mit 35 Jahren schloß sie die zweite Ehe mit einem ruhigen und verläßlichen englischen Sergeanten, den sie bei Kriegsende kennengelernt hatte und der sie mit nach England nahm. Auch sie hatte keine Kinder. Die Lebensläufe der Zwillinge sind sicherlich äußerst verschieden. Um so erstaunlicher sind die Ähnlichkeiten: Beide hatten Eierstockzysten, die operative Entfernung des Eierstockes nötig machten, und eine zystische Entzündung der Brust. Beide litten an Stimmungsschwankungen und depressiven Verstimmungen, an Schlaflosigkeit und zahlreichen sehr ähnlichen nervösen Symptomen. Beide waren künstlerisch veranlagt, besonders musikalisch, und betätigten sich aktiv auf diesem Gebiet. Sie waren gepflegte und elegant gekleidete Erscheinungen und sahen jünger aus, als es ihrem Alter entsprach. Aus den Briefen geht eine außerordentliche Ähnlichkeit der Gefühle, Empfindungen, Einstellungen und Ansichten hervor, und jede empfand die Briefe ihrer Zwillingsschwester als ungemein beglückend und bereichernd.

Demgegenüber fallen die Verschiedenheiten – obgleich vorhanden – kaum ins Gewicht. So zeigte Herta schwerere psychische Störungen, sie mußte sich sogar einmal wegen einer besonders starken Depression in Behandlung einer psychiatrischen Klinik begeben; auf der anderen Seite war sie energischer und unternehmungslustiger und baute sich aus eigener Kraft eine gute Existenz auf. Berta hatte das nicht nötig. Ihr Leben bewegte sich in ruhigen Bahnen; sie war stärker um ihre Gesundheit besorgt und legte sich bei jeder Kleinigkeit zu Bett.

Zusammenfassend kann man sagen: Für eine Neurose oder für neurotische Symptome sind EZ häufiger konkordant als ZZ, und das weist auf Erbeinflüsse hin. Die Konkordanz beträgt aber trotz der gleichen Erbanlage keineswegs 100 % und außerdem weisen die erbverschiedenen ZZ auch ziemlich hohe Konkordanz auf. Das hinwiederum spricht für Umwelteinflüsse. Auch die Neurose-diskordanten EZ sind sich in der Charakterstruktur außerordentlich ähnlich und weit ähnlicher als ZZ. Die EZ gleichen sich also in ihrer neurotischen Disposition, aber erst irgendwelche zusätzliche Faktoren lassen den einen Zwilling manifest neurotisch werden, während der andere Zwilling durch günstige Umstände verschont bleibt. Die Erkrankung ist ein verständlicher und in gewissem Sinn vorskizzierter, aber kein notwendiger Prozeß. Man hat auch versucht, die Disposition und nicht die manifeste Neurose mittels Fragebogen und psychologischer Tests zu erfassen und das Resultat im "neuroticism score" auszudrücken. [13, 23] Die Ergebnisse sind aber bis jetzt nicht überzeugend.

Psychopathie

Die Bezeichnung Psychopathie ist etwas außer Mode gekommen, teils berechtigter-, teils unberechtigterweise. Ihr entspricht heute ungefähr die abnorme Persönlichkeit oder die Persönlichkeitsabweichung. Der bekannte Psychiater KURT SCHNEIDER [86] hatte die Psychopathen als Menschen definiert, unter deren Charakterveranlagung sie selbst oder andere leiden; und er hatte sie in 10 Gruppen unterteilt, darunter den explosiblen, den gemütlosen, den geltungssüchtigen, den fanatischen, den willenlosen, den selbstunsicheren und den depressiven Typ. Da die einzelnen Personen aber meist Mischungen dieser Typen darstellen, und es außerdem zweifelhaft geworden ist, daß mit diesen Eigenschaften einfache, nicht weiter aufteilbare und rückführbare Grundradikale erfaßt worden sind, benutzt man diese Aufteilung kaum noch als Grundlage für wissenschaftliche Untersuchungen. Man orientiert sich jetzt mehr am komplexen Verhalten und spricht von asozialen, sexualabnormen, aggressiven usw. Persönlichkeiten oder Verhaltensweisen. Dabei rechnet man von vornherein damit, daß man es mit komplizierten Verhaltensmustern und uneinheitlichen Gruppen zu tun hat. Drei dieser durch Persönlichkeits- und Verhaltensabweichungen gekennzeichneten Gruppen werden im folgenden herausgegriffen.

KRIMINALITÄT

Der Begriff Kriminalität umfaßt die verschiedenartigsten Tatbestände, Delikte und Motivationen. Weder können die Erbforscher „die“ Anlage zur Kriminalität herausfinden, noch können die Soziologen „die“ Umweltsituation dingfest machen, die zu „den“ Verbrechen führt. Delikte wie Tötung eines Menschen oder Gelegenheitsdiebstahl können nicht über einen Kamm geschoren werden. Selbst innerhalb einer Deliktgruppe finden sich ganz verschiedene psychologische und psychopathologische Voraussetzungen. Wie verschieden sind z. B. die Bedingungen, die zum Mord führen können: zum affektgeladenen Mord eines Eifersüchtigen, zum mehr zufälligen Totschlag unter Alkoholeinfluß anläßlich einer Wirtshausrauferei, zum genau geplanten Raubmord eines gemütskalten Menschen oder zum wahnhaft bedingten Mord eines Schizophrenen.

Die Umwelt spielt beim Zustandekommen von Straftaten und „Verbrecherkarrieren“ eine bedeutende Rolle. Notlagen oder besonders verführerische Gelegenheiten kommen vor, die zu einer kriminellen Tat geradezu drängen können. Der Volksmund sagt recht treffend: „Gelegenheit macht Diebe.“ Aber auch für die andere, die Anlageseite der Kriminalität, hat er einen Spruch bereit: „Die Katze läßt das Mausen nicht!“

Unter den Verwandten von Kriminellen finden sich wiederum zahlreiche Kriminelle, und unter den Kriminellen und in ihren Familien sind psychisch auffällige Persönlichkeiten vermehrt. [102] Gliedert man die Familienbefunde auf, so finden sich unter den Brüdern von Rückfall-Verbrechern sowie von Früh- und Schwerverbrechern mehr Kriminelle als unter den Brüdern von einmaligen Rechtsbrechern, Spät- und Leichtverbrechern. Interessanterweise zeigen die Vettern, die zweifellos in einer verschiedeneren Umwelt leben als Brüder, die gleiche Tendenz. Da Kriminelle und ihre Sippen meist in ungünstigem Milieu leben und unter starkem Umweltdruck stehen, kann die familiäre Häufung freilich ebensogut auf Umweltfaktoren wie auf Anlagefaktoren beruhen. In der Tat wirken zweifellos beide Größen, Umwelt und Anlage, beim Zustandekommen krimineller Handlungen mit.

Eineiige Zwillinge sind im allgemeinen doppelt so oft konkordant wie zweieiige. [120] Wiederum sind die schwerkriminellen Zwillinge häufiger konkordant als die leichtkriminellen (siehe Tabelle 1). Das weist auf eine mäßige Beteiligung von Erbfaktoren hin. Weibliche Zwillingspaare sind in der Minderzahl, wie Frauen unter Straftätern überhaupt, und sie haben eine niedrigere Konkordanzrate als die männlichen Paare. Die Höhe der Konkordanzraten und das Konkordanzverhältnis zwischen eineiigen und zweieiigen Zwillingen als Maß für die Stärke der Erbkomponente schwanken beträchtlich. „Kriminalität" ist eben nichts Einheitliches, und die Serien sind verschieden zusammengesetzt.

Tabelle 1: Zwillingsbefunde bei Kriminalität. Nur gleichgeschlechtige, vorwiegend männliche Paare.

Autor	Konkordanz in % der	
	eineiigen Zwillinge	zweieiigen Zwillinge
Lange 1929 [61]	77	12
Kranz 1936 [60]	66	53
Stumpfl 1936 [101]	61	37
Rosanoff 1941	78	22
Yoshimasu 1961 [113]	61	11
Christiansen 1974 [12]		
männliche Paare	35	12
weibliche Paare	21	7
Dalgard u. Kringlen 1976 [16]		
(nur männliche Paare)		
nur schwere Delikte	26	15
alle Delikte	22	18

Genetische Untersuchungen erfassen ihre „kriminellen Zwillinge" meist aus polizeilichen Unterlagen. Dies geschieht nicht aus wissenschaftlicher Überzeugung, sondern aus der praktischen Notwendigkeit, mit möglichst geringem Zeitaufwand eine möglichst große Untersuchungsserie zu gewinnen. Alle Autoren betonen, wie unbefriedigend es ist, die genetische Komponente der Kriminalität aus Strafakten erfassen und deuten zu wollen, und man sucht den wahren Verhältnissen durch verschiedene Überlegungen näherzukommen.

Wenn Kranz [60] alle individuellen Umstände würdigte, so schienen einige seiner konkordanten Paare eher in die diskordante Gruppe zu gehören. Da aber umgekehrt manche Paare ihre Diskordanz wirklich nur einem Zufall verdankten, glichen sich die Verschiebungen weitgehend aus.

Der deutsche Psychiater Lange [61] und der japanische Kriminologe und Zwillingsforscher Yoshimasu [113] beschrieben ein bzw. zwei getrennt aufgewachsene Zwillingspaare, die bezüglich Straffälligkeit diskordant blieben. Die nicht vor Gericht gestellten Zwillingspartner waren aber genauso asozial wie ihre abgeurteilten Brüder. Sie wurden lediglich durch günstige Umweltbedingungen gestützt und gehalten. Sie hatten nämlich das Glück, daß ihre Angehörigen ihnen moralisch und finanziell beistanden, immer wieder vermittelnd eingriffen und die begangenen Unregelmäßigkeiten ausglichen und beilegten.

Die Bedeutung der Umwelt ist unbestritten, besonders bei der Jugendkriminalität. Die Zwillingskonkordanzen sind hier sehr hoch, an die 100 %, also weit höher als bei den Erwachsenen. Aber sie sind für EZ und ZZ praktisch gleich hoch und lassen somit keinen Erbeinfluß erkennen. [91] Dennoch muß ein Teil der jugendlichen Straftäter eine Anlagekomponente besitzen, denn erwachsene Anlagestraftäter pflegen ihre Karriere früh zu beginnen. Es handelt sich wohl um ein Altersproblem. Die Zwillingsserien umfassen vorwiegend Kinder unter 15 Jahren und nach allgemeiner Erfahrung hat diese kindliche Delinquenz im Gegensatz zur Adoleszenten-Delinquenz nur eine schwache Beziehung zur Erwachsenen-Delinquenz.

Überraschend deutlich kommt der Anlagefaktor in den Adoptionsstudien heraus. Die Straffälligkeit von Adoptivkindern zeigt eine weit stärkere Beziehung zur Kriminalität der leiblichen Eltern, von denen sie kurz nach Geburt getrennt wurden, als zur Kriminalität der Adoptiveltern, bei denen sie aufwuchsen.

In einer dänischen Adoptionsstudie [48] wurden Adoptivsöhne zu 10 % straffällig, wenn weder der biologische noch der Adoptivvater mit dem Gesetz in Konflikt gekommen war, Adoptivsöhne mit einem kriminellen Adoptivvater zu 11 %, also kaum öfter. War aber der biologische Vater kriminell, stieg die Kriminalität auf das Doppelte, nämlich 21 %. Waren gar beide Väter, biologischer und Adoptivvater kriminell, so kletterte die Straffälligkeitsrate auf 36 %! Es ist tröstlich, daß trotz

Anlage *und* Umwelt immerhin 64 % nicht straffällig wurden, jedenfalls nicht aktenkundig.

Eine kleine amerikanische Adoptionsstudie [14] demonstriert wieder einmal, wie verwickelt und verschleiert die Anlage-Umwelt-Interaktion ist. Zur Adoption gegebene Babies weiblicher Strafgefangener, die meist zusätzlich noch einen kriminellen Vater hatten, wurden später weit häufiger straffällig als Adoptivkinder von nichtkriminellen Eltern. Die straffälligen Adoptierten hatten nun aber vor Adoption deutlich länger in Heimen und Pflegestellen gelebt als die Nichtstraffälligen, und man könnte den längeren Heimaufenthalt als Ursache der späteren Kriminalität ansehen. Doch in einer Vergleichsgruppe von Kindern mit nichtkriminellen biologischen Eltern hatte eine vergleichbare Zahl vor Adoption ebenfalls eine vergleichbare Zeit in Heimen verbracht, aber ohne kriminell zu werden. Bestimmte Umweltverhältnisse entfalteten ihren Einfluß offensichtlich erst bei entsprechender Disposition.

Alles in allem zeigen Zwillings- und Adoptionsstudien also, daß Anlagefaktoren bei Kriminalität mit im Spiel sind. Aber sie zeigen leider nicht, welche!

Vor etwa 20 Jahren erregte die Entdeckung eines abnormen Chromosomenbefundes bei einigen Insassen von Strafanstalten beträchtliches Aufsehen. Es handelte sich um Männer, die das männliche Geschlechtschromosom – man nennt es Y-Chromosom – in doppelter Ausfertigung besaßen, anstatt nur einfach, wie normal. Sie waren von hohem Körperwuchs, ihre Begabung lag meist an der unteren Grenze der Norm oder darunter; Minderbegabung ist unter Kriminellen überhaupt häufig. Die begangenen Straftaten bestanden vorwiegend in Gewaltverbrechen.

Um diese Kombination von abnormem biologischem Befund und kriminellem Verhalten entspannen sich alsbald lebhafte strafrechtliche Diskussionen: Wenn solche Menschen aufgrund einer angeborenen, körperlich begründbaren Abartigkeit Verbrechen begehen, sind sie dann überhaupt dafür verantwortlich und straffähig? Das Problem beschäftigte rasch auch das allgemeine öffentliche Interesse. 1968 ging durch die Weltpresse die grausame Tat des Richard Speck, der in Chicago acht Schwesternschülerinnen in ihrem Schlafraum ermordet hatte. Es schien zunächst, als ob eine XYY-Abnormität vorläge. Der Verteidiger plädierte auf Unzurechnungsfähigkeit, und es wurde heftig erörtert, ob die Todesstrafe gerechtfertigt sei oder nicht. Das Problem löste sich in diesem speziellen Fall, indem genaue Untersuchungen ergaben, daß Speck gar keine XYY-Abnormität hatte.

Allmählich stellte sich dann heraus, daß zwar die XYY-Abnormität unter Gewaltverbrechern etwas überdurchschnittlich häufig vorkommt, daß aber umgekehrt keineswegs alle XYY-Männer kriminell werden. Auch bei dem ersten, 1961 in der wissenschaftlichen Literatur beschriebenen Fall hatte es sich um einen unauffälligen Mann gehandelt, dessen Chromosomen man nur deshalb untersucht hatte, weil man sich davon Aufschluß darüber erhoffte, warum seine Kinder an verschiedenen Chromosomenstörungen litten. Die XYY-Abnormität bedeutet also keine Prädestination zum Verbrechen, und man kann nur von einer gewissen Beziehung, aber auf keinen Fall von einem strikten Zusammenhang sprechen.

Man hat sich gefragt, ob es Persönlichkeitsmerkmale gibt, die zum Verbrechen disponieren, ja zwangsläufig dazu führen [120], etwa im Sinne des Buchtitels ›Verbrechen als Schicksal‹, mit dem Lange 1929 seine Zwillingsuntersuchung überschrieb.

Menschen, die an Psychosen leiden, begehen nicht häufiger Gewalttaten als Geistesgesunde. Dagegen sind Minderbegabte unter Sträflingen etwas vermehrt vertreten. Weiterhin erhöhen Eigenschaften wie Reizbarkeit, Explosivität, Impulsivität, mangelnde Selbstkontrolle und Kritikfähigkeit, Willensschwäche, Störungen des Einfühlungsvermögens und der zwischenmenschlichen Bindungsfähigkeit das Risiko einer Straftat. *Die* Verbrecherpersönlichkeit gibt es aber nicht. Verschiedene Persönlichkeitsstörungen und -abweichungen, wechselnde Kombinationen von Anlage- und Umweltfaktoren erhöhen für ein Individuum die Wahrscheinlichkeit, daß es mit der Gesellschaft, in der es lebt, in Konflikt gerät. Lebenserfahrungen und Prägungsvorgänge, d. h. Fixierung an sich flexibler genetischer Dispositionen durch Umwelteinwirkungen, dürften eine Rolle spielen.

Nicht selten sind kriminelle Akte, besonders Gewalttaten, mit Alkoholmißbrauch verquickt. Die Beziehungen sind mannigfach und schwer zu klären, da sowohl Kriminalität als auch Alkoholismus durch die verschiedensten Bedingungsgefüge zustande kommen können.

Eine ungleiche Geschlechtsverteilung pflegt sowohl den Anlage- als auch den Umwelttheoretikern als Argument zu dienen. Die Geschlechts*bestimmung*, d. h. ob ein Knabe oder ein Mädchen entsteht, erfolgt eindeutig genetisch, nämlich durch die Geschlechtschromosomen, und sie bewirkt eine Reihe von biologisch begründeten Unterschieden zwischen den beiden Geschlechtern. Die Geschlechts*rolle* aber, das Verhalten der Geschlechter, wird auch stark von Kultur und Gesellschaft beeinflußt. Man denke an die kämpferischen Amazonen des griechischen Altertums oder an Eingeborenenstämme der Neuzeit, bei denen sich nach einer Entbindung der Mann ins Wochenbett legt, um die bösen Geister zu täuschen und von Mutter und Neugeborenem abzulenken.

Interessanterweise werden Frauen zwar seltener straffällig als Männer, aber wenn sie es werden, so haben sie mehr kriminelle Verwandte als die Männer. Das kann man natürlich ebensogut im Sinne der Anlage- wie der Umwelttheorie deuten. Aber manche körperlichen Krankheiten zeigen ein ähnliches Muster: Das seltener erkrankte Geschlecht hat eine größere Zahl erkrankter Verwandter. Von einer Hasenscharte z. B. sind Mädchen seltener betroffen als Knaben, aber sie weisen mehr gleichartig erkrankte Verwandte auf als die Knaben – genau wie die straffälligen Frauen. Bei der Hüftluxation dagegen sind es die Knaben, die seltener damit behaftet sind, aber mehr kranke Verwandte haben als die Mädchen. Man nimmt Polygenie an und stellt sich vor, daß das seltener betroffene Geschlecht mehr pathologische Gene braucht, um zu erkranken, da es eine größere Resistenz gegen die Manifestation gerade dieser Störung hat.

Viel für sich hat die Hypothese, daß die größere Anfälligkeit des männlichen Geschlechtes für Kriminalität, Asozialität, Alkoholismus und Selbstmord auf seiner stärkeren Aggressionsbereitschaft und seinem risikofreudigeren Verhalten beruht. Diese hinwiederum gehen vermutlich auf Hormonwirkungen zurück, auf Einwirkung von Androgen auf das fetale Gehirn. Später wird aggressives Verhalten bei Knaben durch die Erwartungen der Gesellschaft belohnt und verstärkt und nach der Pubertät durch zusätzliche Androgenproduktion weiter aktiviert.

Kenntnis der beteiligten biologischen und genetischen Faktoren wird das Problem der Kriminalität sicher auch nicht lösen. Aber sie könnte manche besonders Gefährdete rechtzeitig erkennen lassen und gezieltere Prävention und Korrektur erlauben, besonders bei Jugendlichen.

STÖRUNGEN SEXUELLEN VERHALTENS

Mann und Frau sind verschieden, körperlich und auch psychisch. Nicht alle Unterschiede der Psyche und des Verhaltens sind anerzogen, wie das von Gleichberechtigungs-Fanatikern gerne behauptet wird. Wir können hier nur auf Teilaspekte dieses umfangreichen Gebietes einige Schlaglichter werfen, nämlich auf Störungen des sexuellen Verhaltens, der sexuellen Orientierung und der Geschlechtsidentität. Normalerweise identifiziert sich der Mensch mit dem Geschlecht, das ihm die Natur verliehen hat, und sein sexuelles Interesse konzentriert sich auf das andere Geschlecht. Abweichungen vom normalen sexuellen Verhalten stellen in unserer Zeit der allgemeinen Sexualaufklärung und Sexbefreiung ein höchst aktuelles Thema dar. Sie bieten ein Musterbeispiel für das Zusammenwirken von Anlage und Umwelt, obwohl man noch nicht allzuviel darüber weiß. Infolge der zahlreichen Tabus, die auf diesem Gebiet lasten, hat man noch nicht sehr lange mit vorurteilsloser und objektiver Forschung in größerem Maßstab begonnen.

Nehmen wir als Beispiel die Homosexualität, die gleichgeschlechtliche sexuelle Orientierung. Um ihre Zugehörigkeit streiten sich die Umwelt- und die Anlagetheoretiker seit langem und suchen sie jeweils in ihrem Sinne zu erklären. Die einen fassen Homosexualität als rein psychische Fehlhaltung auf. Die Beobachtung, daß Homosexuelle etwas mehr Brüder als Schwestern haben, wird dahin gedeutet, daß das Aufwachsen unter Geschwistern des gleichen Geschlechtes homosexuelle Neigungen fördere. Man könnte vielleicht an die Enten-Experimente denken, in denen ohne weibliche Geschwister aufgezogene Erpel später zu homosexuellen Lebensgemeinschaften neigten (siehe S. 16). Der Brüderüberschuß unter den Geschwistern von Homosexuellen ist jedoch nur gering, es finden sich durchaus auch Schwestern. Die Lebensgemeinschaft ist also keineswegs so strikt und ausschließlich auf männliche Individuen begrenzt wie bei den Enten im Experiment. Weiterhin vermutet man eine psychische Verweiblichung dadurch, daß Eltern, deren sehnlichster Wunsch nach einer Tochter durch die Geburt eines Knaben enttäuscht worden war, den Sohn nun als Mädchen behandelten und kleideten. Es sind aber viele Fälle bekannt, in denen Knaben Mädchenkleider trugen und trotzdem keine homosexuellen Neigungen entwickelten, z. B. der Dichter Rainer Maria Rilke. Als weitere Quelle der Homosexualität kommt die Verführung Jugendlicher in Betracht, z. B. in Internaten. Und schließlich können homosexuelle Handlungen Ersatzhandlungen darstellen, wie dies gelegentlich bei Männern vorkommt, die für längere Zeiträume kaserniert sind. In die Kategorie der Ersatzhandlungen dürfte auch ein Teil homosexueller Handlungen von psychisch Kranken, besonders Schizophrenen und geistig Behinderten, gehören. Letzten Endes waren homosexuelle Handlungen eine Kulturerscheinung. Die Männer im antiken Griechenland teilten ihre Gunst zwischen Knaben, Hetären und Ehefrauen.

Gerade die vermehrte Zahl von Brüdern unter den Geschwistern von Homosexuellen hat aber auch den Verfechtern einer körperlichen Veranlagung als Argument gedient. Man stellte nämlich die Hypothese auf, der geringfügige statistische Knabenüberschuß in diesen Familien käme dadurch zustande, daß die Homosexuellen biologisch eigentlich Frauen seien und sich daher sexuell auch wie Frauen verhielten. Mit den modernen Mitteln der Chromosomendarstellung, über die wir seit 1957 verfügen, konnte man jedoch zeigen, daß die Geschlechtschromosomen der Homosexuellen keinerlei Auffälligkeiten aufweisen. Das sog. Kerngeschlecht ist ganz normal männlich.

Über die hormonellen Verhältnisse bei Homosexuellen gehen die Befunde auseinander. Die Hormonzusammensetzung ist nicht selten normal, des öfteren wird über einen Mangel an männlichen Sexualhormonen berichtet, mitunter liegt aber im Gegenteil gerade ein Überschuß vor. Sollte ein Testosteron-Mangel tatsächlich die Ursache von Homosexualität sein, so müßte er jedenfalls sehr früh, ja vor der Geburt bestanden haben. Erniedrigung des Testosteron-Spiegels im Erwachsenenalter führt mit Sicherheit nicht zu Homosexualität.

Die Beteiligung genetischer Faktoren zeigt wieder einmal die schon so oft hilf- und aufschlußreiche Zwillingsforschung. Eineiige Zwillinge sind zu etwa 50 % konkordant homosexuell, zweieiige Zwillinge zu 12 %. [43] In einer über die Gerichte erfaßten Serie [51] waren die 40 eineiigen Zwillingspaare sogar sämtlich, also zu 100 % konkordant, die zweieiigen Zwillinge zu 40 %. Diese hohe Konkordanz dürfte eine Ausnahme darstellen, indem es sich hier um besonders schwere Fälle handelt, die sämtlich mit dem Gesetz in Konflikt geraten waren. Die Zwillingseigenschaft an sich prädisponiert nicht zu Homosexualität, denn unter Zwillingen finden sich nicht mehr Homosexuelle als im Durchschnitt. Auch begingen die homosexuellen Zwillinge niemals zusammen homosexuelle Handlungen, sondern immer mit fremden Partnern.

Offensichtlich ist Homosexualität eine sehr komplizierte Störung des psychosexuellen Reifungsvorgangs. Sie ist zudem sicher nicht einheitlich, sondern kann auf verschiedene Weise zustande kommen, und die Ursache besteht in ganzen Faktorenbündeln, die auch genetische Faktoren enthalten. [78]

Auch bei den Transvestiten und Transsexuellen läßt sich keine Abweichung der Geschlechtschromosomen und der Geschlechtshormone fassen. In beiden Fällen fühlen sich die Betroffenen jeweils dem anderen Geschlecht zugehörig. Den Transvestiten genügt es, mit Hilfe von Verhalten, Kleidung, Schminke, Haartracht usw. die Rolle des anderen Geschlechts zu übernehmen. Die Transsexuellen hingegen scheuen keine Mühe, die äußeren Geschlechtsmerkmale durch Hormonbehandlungen und Operationen ihren Wünschen anzupassen, sich „wirklich" vom Mann in eine Frau, von der Frau in einen Mann zu verwandeln. Leider verläuft die weitere Entwicklung mit und ohne ärztlichen Eingriff oft ungünstig. Bei Verweigerung einer chirurgischen Geschlechtsumwandlung verzehrt sich der/die Transsexuelle in Verzweiflung bis hin zum Selbstmord. Gelangt er/sie durch hartnäckiges Beharren auf langem und dornenvollem Weg schließlich doch ans Ziel der operativen Umwandlung, so stellen sich später trotzdem nicht selten Depressionen und andere psychische Störungen ein, die das Leben ebenfalls wertlos erscheinen lassen.

Merkwürdigerweise treten bei Anomalien der Geschlechtschromosomen, die sich im äußeren körperlichen Erscheinungsbild nicht erkennbar auswirken, kaum je Probleme der Geschlechtsrollenfindung und Geschlechtsidentität auf. [118] Das gilt sowohl für Männer mit einem zusätzlichen weiblichen Geschlechtschromosom (Klinefelder Syndrom XXY) als auch für Frauen, denen eines der beiden weiblichen Geschlechtschromosomen fehlt (Turner-Syndrom X0), ferner für die testikuläre Feminisierung, bei der Chromosomengeschlecht und Hormonspiegel rein männlich, Erscheinungsbild und Psyche aber weiblich sind. Infolge einer rezessiven, wahrscheinlich X-chromosomal gelegenen Genmutation erreichen die männlichen Hormone ihren Bestimmungsort nicht bzw. dieser ist unempfindlicher gegen sie.

Von den genannten Abweichungen betroffene Erwachsene suchen den Arzt auf, weil der erhoffte Kindersegen ausbleibt oder weil körperliche Beschwerden bestehen. Neuerdings werden die Anomalien bei systematischen Screening-Untersuchungen schon bei Neugeborenen oder bei Schulkindern entdeckt. Mitunter stellt sich dem Arzt das Problem, ob und inwieweit er die Betroffenen, oder bei Kindern die Eltern, über die Art der Störung aufklären soll. Diese Frage gibt auch immer wieder Anlaß zu prinzipiellen Erörterungen und kontroversen Ansichten.

Krisen in der Geschlechtsrollenfindung und -ausfüllung gibt es vorwiegend dann, wenn die äußeren Geschlechtsteile zweideutig gestaltet sind, wenn die dem Kind zugeteilte und von ihm akzeptierte Geschlechtsrolle sich früher oder später als falsch herausstellt, eine körperliche Korrektur und eine psychische Umorientierung notwendig wird. Bei Kindern nimmt man daher operative Korrekturen so früh wie möglich vor, doch muß natürlich das für den optimalen Erfolg der Operation günstigste Lebens- und Entwicklungsalter abgewartet werden.

Echte Hermaphroditen besitzen männliches und weibliches Keimgewebe, bei Pseudohermaphroditen entspricht das Keimgewebe nicht dem äußeren Genitale. Zwitterbildungen mit weiblichem Erscheinungsbild sind durch die Olympischen Spiele ins Licht des öffentlichen Interesses gerückt. Mit Hilfe der Chromosomenanalyse, die sich leicht aus den Wurzeln von ein paar Kopfhaaren vornehmen läßt, fahndet man nach Frauen, die männliche Geschlechtschromosomen besitzen und dadurch einen unfairen Kraftvorteil gegenüber ihren rein weiblichen Konkurrentinnen haben.

Besonders kompliziert ist die Verflechtung biologischer und psychologischer, körperlicher und seelischer, endogener und anerzogener Verhaltens- und Empfindungsweisen beim adrenogenitalen Syndrom. Hier findet eine Vermännlichung der äußeren Geschlechtsorgane weiblicher Feten statt, und zwar entweder endogen durch einen rezessiv erblichen Enzymdefekt oder exogen bedingt durch eine Androgenbehandlung der Mutter während der Schwangerschaft. Setzt sofort nach Geburt eine Hormontherapie ein und erfolgen im Bedarfsfall später noch chirurgische Korrekturen, so entwickeln sich ganz normale Mädchen.

In mancher Beziehung verhalten sich diese aber trotzdem knabenhaft und spielen lieber mit Autos und Gewehren als mit Puppen. Die Bereitschaft zu mütterlichen Verhaltensmustern ist signifikant geringer als in Vergleichsgruppen. In einer Nachuntersuchung stellte sich heraus, daß ein Drittel der ehemaligen kleinen Patientinnen später kinderlos blieb, obwohl Geschlechtsleben und Empfängnisfähigkeit anatomisch und medizinisch voll intakt waren. Nicht das körperliche Geschlechtsleben war beeinträchtigt, sondern ein Aspekt des geschlechtsspezifischen Verhaltens.

Geschlechtschromosomen an sich entfalten keinen magischen Einfluß. Ihre Wirkung geht über die Geschlechtshormone. Geschlechtshormone, Art der äußeren Geschlechtsorgane und psychosexuelle Reifungsvorgänge wirken bei Ausbildung von sexueller Identität und sexuellem Verhalten eng zusammen.

ALKOHOLISMUS

Die Bedeutung der Umwelt für die Entstehung einer Alkoholsucht ist unbestritten und steht heute im Vordergrund. Schon die Verfügbarkeit von Alkohol ist ein Umweltfaktor. Verführung, Modeströmungen, Konformitätsstreben spielen eine entscheidende Rolle, besonders bei Jugendlichen und Jugendgruppen. Alkoholkonsum und massive gesellschaftliche Trinkzwänge sind so verbreitet, daß es eigentlich verwunderlich ist, daß nicht noch mehr Menschen der Trunksucht verfallen!

Glücklicherweise wird aber nicht jeder, der einen Rausch oder auch mehrere Räusche gehabt oder einen Herointrip probiert hat, süchtig. Trotz Verfügbarkeit von Alkohol und Rauschdrogen, trotz allgegenwärtiger Verlockung und ansteigender Suchthäufigkeit verfällt nur ein Teil der Exponierten einer Sucht.

Die Frage erhebt sich: Warum wird gerade dieser Mensch süchtig und jener nicht? Es muß Faktoren geben, die im Individuum selbst liegen, es zur Sucht disponieren oder davor schützen. Worin bestehen sie? In biochemischen Unterschieden bei Aufnahme und Abbau des Suchtmittels? In Unterschieden der Empfindlichkeit der Zielorgane, insbesondere des Nervensystems? In bestimmten psychischen Dispositionen? Offenbar sind alle drei Mechanismen beteiligt und alle drei werden von genetischen Faktoren beeinflußt. [119]

Erbfaktoren

Alkoholismus kommt familiär gehäuft vor, und Väter und Brüder von Alkoholikern sind wiederum vermehrt Alkoholiker. [3, 77, 102] Die familiären Risikoziffern differieren allerdings in verschiedenen Untersuchungen, genau wie auch die Häufigkeit in verschiedenen Durchschnittspopulationen differiert. Das ist nicht verwunderlich, denn die Definitionen von Alkoholismus sind unterschiedlich und variieren nach Sozialstruktur und Trinksitten. Alkoholmengen, die in einer Bevölkerung als durchaus alltäglich betrachtet werden, gelten in einer anderen bereits als Ausschweifung.

Familiäre Häufung braucht natürlich nicht grundsätzlich und nicht immer auf Vererbung zu beruhen. Sie kann auch durch familiäre Gewohnheiten oder gemeinsames Milieu entstehen. Daß beim Alkoholismus doch auch Anlagefaktoren beteiligt sind, zeigen u. a. die Adoptionsstudien.

Besonders die dänisch-amerikanische Adoptionsstudie von Goodwin und Mitarbeitern [32] brachte ganz erstaunliche Resultate. Die Söhne von Alkoholikern, die in frühester Kindheit in nichttrinkende Familien adoptiert worden waren, verfielen dem Alkoholismus später viermal häufiger als Adoptivsöhne, die von nichttrinkenden Eltern abstammten; und sie bekamen genauso häufig Alkoholprobleme wie die Alkoholikersöhne, die zu Hause bei ihren trinkenden Eltern aufgewachsen waren (siehe Tabelle 2). Bei Frauen ist Alkoholismus bekanntlich wesentlich seltener als bei Männern. Dementsprechend tranken auch 90 % der adoptierten und nichtadoptierten Alkoholikertöchter ganz wenig im Vergleich zu nur 50 % der Alkoholikersöhne. Alkoholprobleme kamen bei ihnen wesentlich seltener vor als bei den Söhnen (3 % gegenüber 18 %), aber genau wie bei diesen etwa viermal häufiger als im Durchschnitt, wenn man nach Geschlecht getrennt vergleicht. Auf die ungleiche Geschlechtsverteilung werden wir noch zurückkommen (S. 53).

Aufschlußreich sind auch Familien mit Stiefkindern bzw. mit Halbgeschwistern. Der springende Punkt ist der, daß hier manche Kinder von der Mutter abstammen, andere vom Vater und manche schließlich von beiden. Für die einen Kinder sind es die leiblichen Eltern, die trinken, für die anderen Kinder der Familie ist aber diese Person der Stiefvater oder die Stiefmutter. Es zeigt sich, daß für die Entwicklung einer Alkoholsucht die Blutsverwandtschaft mit einem Alkoholiker bedeutungsvoller ist als die gemeinsame familiäre Umwelt. Die leibliche Abstammung von einem Alkoholiker ist ausschlaggebend und das Risiko wird durch Aufwachsen bei einer nichttrinkenden Elternfigur nicht abgeschwächt, andererseits durch Aufwachsen bei trinkenden Stiefeltern nicht erhöht.

Die Zwillingsforschung sagt sich mit Recht, daß eine Alkoholsucht nicht aus heiterem Himmel kommt, sondern sich irgendwie entwickelt. Sie befaßt sich daher nicht nur mit dem chronischen Alkoholismus, sondern mit dem gesamten Trinkverhalten. Eineiige Zwillinge gleichen sich in ihrem Trinkverhalten stärker als zweieiige. Soll man etwas trinken oder nicht? Jetzt, bei

Tabelle 2: Alkoholismus unter adoptierten Söhnen von Alkoholikern und von Nichtalkoholikern, unter adoptierten und nichtadoptierten Alkoholikersöhnen. [32, 119]

	Alkoholprobleme in Prozent, wenn			
	die biologischen Eltern		die Alkoholikersöhne	
	tranken	nicht tranken	adoptiert wurden	zu Hause aufwuchsen
Kontrollverlust	35	17	25	10
Morgendliches Trinken	29	11	30	21
Delirium tremens	6	1	10	3
Arrest wegen Trunkenheit am Steuer	7	4	0	3
Wegen Trunkenheit hospitalisiert	7	0	10	10
jemals behandelt	9	1	15	13

dieser Gelegenheit? Noch ein Gläschen? Und noch eins? Solche Entscheidungen werden offenbar nicht nur durch die äußeren Umstände, sondern auch von innen her, durch Anlagefaktoren bestimmt.

Der skandinavische Zwillingsforscher KAIJ [50] stufte die Trinkfreudigkeit seiner Zwillinge nach 5 Graden ein. Stufe 0 bedeutet Abstinenz und Stufe 4 chronischen Alkoholismus. Die eineiigen, erbgleichen Zwillinge fielen viel häufiger in die gleiche Kategorie als die zweieiigen, erbverschiedenen Zwillinge. Für chronischen Alkoholismus waren die eineiigen Paare mit 71 % etwa doppelt so oft konkordant, d. h. beide betroffen, wie die zweieiigen (32 %).

In zwei anderen Zwillingsuntersuchungen dagegen zeigte sich für Alkoholabhängigkeit kein deutlicher Erbeinfluß. [73, 119] Das steht im Gegensatz zu den Adoptionsstudien und zeigt wieder einmal, wie schwierig und komplex die Verhältnisse sind. In den Adoptionsstudien kommt besonders heraus, daß an der manifesten Sucht Erbfaktoren maßgeblich beteiligt sind; die Zwillingsbefunde dagegen zeigen eher, daß auch Umweltfaktoren eine Rolle spielen und daß Erbfaktoren schon die Vorbedingungen zur Sucht mitbestimmen.

Es wäre wichtig, Faktoren zu kennen, die die Entstehung von Alkoholsucht verhindern. Aber solche Untersuchungen gibt es kaum. Zwei Zwillingsstudien ließen für Abstinenz einen Erbeinfluß erkennen, eine dritte Studie aber wieder nicht. Es läßt sich vorstellen, daß jemand, der auf Alkoholgenuß immer einen heftigen Kater bekommt, keine große Lust hat, Alkoholiker zu werden, daß Kater also eine Schutzfunktion ausübt. Die Neigung, auf Alkohol mit Kater zu reagieren, ist erblich beeinflußt. Das ist einleuchtend, weil hier biochemische Mechanismen am Werk sind.

Damit kommen wir zu der Frage, worin die beteiligten Erbfaktoren bestehen. Auf körperlichem Gebiet sind sie vor allem in den Alkohol abbauenden Enzymen zu vermuten, ferner in unterschiedlicher Alkoholempfindlichkeit des Gehirns.

Die biochemische Forschung wird nun aber dadurch erschwert, daß Experimente am Menschen nur sehr begrenzt möglich sind und daß Versuchstiere wie Ratten und Mäuse Alkohol im allgemeinen ablehnen und nur durch Kunstgriffe, Infusionen z. B., dazu gebracht werden, größere Mengen Alkohol aufzunehmen. Es ist jedoch gelungen, Ratten- und Mäusestämme zu züchten, die bei freier Wahl alkoholische Getränke bevorzugen. Solche alkoholliebenden und alkoholablehnenden Mäusestämme zeigen eine Reihe von Unterschieden ihrer Enzymsteuerungen; Alkoholgehalt und Alkoholempfindlichkeit des Gehirns ist verschieden. Ließ man Würfe von alkoholliebenden Mäusen durch alkoholablehnende Mäuseammen aufziehen, so zeigen die Jungen dennoch Alkoholpräferenz. Der Gedanke an die menschlichen Adoptionsstudien liegt nahe!

Auch der Mensch weist genetisch kontrollierte Unterschiede im Alkoholstoffwechsel auf, z. B. vertragen mongolische Völker Alkohol schlechter als europide und reagieren mit verstärkten vegetativen Beschwerden wie “Flushing” (Blutfülle und Rötung im Gesicht), Schweißausbruch, Pulsbeschleunigung und Blutdruckabfall. 85 % der Japaner und Chinesen, aber nur 6 % der Europiden besitzen eine „atypische“ Variante ADH_2 der Alkoholdehydrogenase (ADH), welche Alhohol beschleunigt zu Acetaldehyd abbaut und dadurch zu einem erhöhten Acetaldehydspiegel führt. Dieser ist größtenteils für die genannten Beschwerden verantwortlich. Auch beim nächsten Schritt des Alkoholabbaus, nämlich beim Abbau des Acetaldehyds mit Hilfe der Acetaldehyddehydrogenase (ALDH), besitzen viele Asiaten eine erbliche Variante. Sie baut Acetaldehyd verlangsamt ab und führt dadurch ebenfalls zu einem erhöhten Acetaldehydspiegel.

Antabus (Disulfiram), welches bekanntlich zur Aversionstherapie von Alkoholikern verwendet wird, beruht auf diesem Prinzip. Es erzeugt in Verbindung mit Alkohol einen erhöhten Acetaldehydspiegel und ruft dadurch die unangenehmen Symptome in verstärktem Maß hervor.

Der seltenere Alkoholmißbrauch von Asiaten wird häufig mit kulturellen Unterschieden zu erklären gesucht. Sind es aber nicht eher die biologischen Besonderheiten des Alkoholstoffwechsels, die den Asiaten den Alkoholmißbrauch verleiden, den Europiden aber erlauben?

Die Zwillingsforschung zeigt, daß auch innerhalb europäischer Bevölkerungen individuelle Unterschiede in der Sensibilität gegen und in der Verarbeitung von Alkohol bestehen. Nichtalkoholsüchtige Zwillingspaare erhielten genormte Alkoholmengen. [77] Danach wurde in regelmäßigen Abständen Blut abgenommen. Abbau und Ausscheidung des Alkohols war bei den eineiigen Zwillingspartnern weit ähnlicher als bei den zweieiigen – also erblich beeinflußt. Weiterhin wurde mehrmals das EEG (Elektroenzephalogramm) abgeleitet. Das Gehirn sendet bekanntlich als Ausdruck seines Tätigkeitszustandes schwache elektrische Wellen aus und manche dieser Wellenmuster sind genetisch kontrolliert. Die Alkoholwirkung war recht unterschiedlich. Die EEGs der zweieiigen Zwillinge waren bereits zu Beginn verschieden und wurden im Verlauf des Experiments immer noch verschiedener. Die EEGs der eineiigen Zwillinge dagegen waren von Anfang an sehr ähnlich und machten weiterhin ganz gleichartige Veränderungen durch. Das läßt an unterschiedliche Sensitivität entsprechender Hirnzellen auf genetischer Basis denken.

Die Vorstellung ist faszinierend, daß man eines Tages besonders suchtgefährdete Personen aus einer Kombination von biochemischen und elektroenzephalographischen Befunden erkennen und ihnen besondere Prävention angedeihen lassen könnte. Vorläufig ist das aber eine Utopie.

Auch an psychische Dispositionen zu süchtigem Verhalten ist zu denken. Wir wissen heute, daß Persönlichkeitsentwicklungen und Verhaltensweisen nicht ausschließlich durch Umwelteinflüsse,

Lebenserfahrungen und Lernvorgänge bestimmt werden, sondern auch durch Erbfaktoren. Das Neugeborene ist kein leeres Blatt Papier, welches durch das mütterliche Verhalten und durch die Haltungen und Fehlhaltungen der Umwelt allmählich beschrieben wird; es bringt bereits eigene Verhaltensweisen mit, die ihrerseits das Verhalten von Mutter und Umwelt beeinflussen.

Unter Alkoholikern finden sich viele Personen mit Anpassungsschwierigkeiten. Freilich läßt sich rückblickend oft nicht mehr entscheiden, inwieweit Persönlichkeitsauffälligkeiten bereits vor dem Alkoholabusus bestanden haben und inwieweit eine Persönlichkeitsänderung durch den Alkoholeinfluß eingetreten ist. *Die* Suchtpersönlichkeit gibt es offenbar nicht. Verschiedene Persönlichkeitstypen (dysphorische, psychoinfantile, hysterische, suggestible Persönlichkeitsvarianten) bieten Ansatzpunkte für abnorme Entwicklungen, und *eine* Möglichkeit unter vielen ist dann eben eine Sucht.

Umwelteinfluß

Umwelteinflüsse sind unbestritten. Sie scheinen aber mannigfaltig und im Einzelfall verschieden zu sein. Manch alteingesessene Vorstellungen treffen nur bedingt zu. Z. B. sind frühkindliche Erfahrungen in der Alkoholikerfamilie nicht unbedingt ausschlaggebend, wie die Adoptionsstudien zeigen.

Alkoholismus kommt quer durch alle sozialen Schichten vor und stützt sich auf eine Vielzahl von Motivationen: Der eine Mensch nimmt Zuflucht zur Schnapsflasche, weil es kalt ist und er sich aufwärmen muß; der andere leert eine Bierflasche nach der anderen, weil es heiß ist und der Durst ihn plagt. Der eine will seinen Sorgen im Alkohol entfliehen, der andere seine Feiertagsstimmung durch Alkohol krönen und ein dritter vielleicht seine Langeweile ertränken. Wohlstandsalkoholismus ist nicht weniger Realität als Elendsalkoholismus.

Einige wenige getrennt aufgewachsene eineiige Zwillingspaare mit mindestens einem alkoholsüchtigen Partner [90] demonstrieren eher die enge Verflechtung von Anlage und Umwelt, als daß sie Umweltursachen für Alkoholsucht aufzeigen. Zwei Paare verhielten sich konkordant, d. h. beide Partner tranken. In dem einen Fall kannten sich die Zwillingsbrüder zwar bis zum 24. Lebensjahr nicht, sie gehörten aber beide der Handelsmarine an, und der Alkoholkonsum der Marine ist sprichwörtlich! Das andere Paar wuchs bei Mutter und Großmutter in einem stark Apfelwein trinkenden Dorf auf, also bei Verwandten und in sehr ähnlichem Milieu. Ein drittes Paar jedoch war diskordant, obgleich die Brüder bei ihrem schwer trinkenden Vater und Großvater aufwuchsen, also obwohl sie gleiches Erbgut und dazu noch sehr ähnliche Umwelt hatten!

Auch die zusammen aufgewachsenen diskordanten EZ-Paare helfen nicht viel weiter. In einem solchen Paar begann ein Partner während eines leichten Angst- und Depressionszustandes zu trinken. Das kann man verstehen. Aber sein Partner litt ebenfalls an solchen Zuständen und verlor deshalb sogar seinen Arbeitsplatz; er trank aber nicht. In diesem Fall scheint die Haltung der Ehefrauen eine Rolle gespielt zu haben.

Ungleiche Geschlechtsverteilung

Als Beweis für eine rein umweltbedingte Entstehung des Alkoholismus hat man ins Feld geführt, daß Frauen seltener als Männer dem Alkoholismus verfallen. Durch ihre Beschränkung auf die „drei K“ (Kinder, Kirche, Küche) hätten sie weniger Gelegenheit zum Trinken gehabt, auch sei ihnen infolge ihrer unterdrückten sozialen Rolle Trunkenheit stärker angekreidet worden als den Männern. Mit fortschreitender Emanzipation nimmt der weibliche Alkoholismus erwartungsgemäß zu. Mit solchen Deutungen muß man jedoch vorsichtig sein, wie das Beispiel des Lebensalters beweist. Die höhere Lebenserwartung der Frau hat man lange damit erklärt, daß das schöne Geschlecht ein ruhigeres und weniger riskantes Leben führt als der Mann, der hinaus muß ins feindliche Leben. Aber bei amerikanischen Klosterschwestern und -brüdern, die unter völlig gleichen Ordensregeln leben, hat das weibliche Geschlecht ebenfalls eine höhere Lebenserwartung. Außerdem findet sich eine unterschiedliche Lebenslänge auch bei vielen Tieren, und es kann heute kein Zweifel mehr bestehen, daß biologische Faktoren, besonders hormoneller Art, ausschlaggebend sind.

Um auf den Alkohol zurückzukommen, so gehören die Schimpansen zu den wenigen Tieren, die Alkohol in Fruchtsaft freiwillig, ja sogar gerne annehmen. Auch bei ihnen trinken die Männchen mehr Alkohol als die Weibchen!

Generell verfallen Frauen dem Alkohol seltener als Männer, aber die weiblichen Verwandten von Alkoholikern haben den Durchschnittsfrauen gegenüber ein genauso überhöhtes Alkoholismusrisiko wie die männlichen Verwandten von Alkoholikern gegenüber Durchschnittsmännern. Die Nachkommen der Alkoholikerinnen besitzen sogar ein relativ höheres Erkrankungsrisiko als die Nachkommen von Alkoholikern, und das höchste Risiko haben die Töchter der Alkoholikerinnen. Diese Befunde weisen deutlich auf Anlagefaktoren hin.

In die gleiche Richtung gehen die Ergebnisse, wenn man in die bekannten vier Trinkertypen nach JELLINEK unterteilt. Die Frauen gehören dann vermehrt den Typen Alpha und Gamma an (Konflikttrinker und süchtige Trinker), die Männer hingegen den Kategorien Beta und Delta (Gelegenheits- und Gewohnheitstrinker). Bei den Frauen spielen also innere Gründe, man könnte sagen Anlagefaktoren, eine große Rolle. Die Männer hingegen verfallen dem Alkoholismus häufiger aus äußeren Gründen, wie berufliche oder gesellschaftliche Exposition. Z. B. weisen Angehörige der Alkohol- und Gastgewerbe einen überdurchschnittlich hohen Prozentsatz von Alkoholmißbrauch auf.

Wahrscheinlich sind die suchtdisponierenden Faktoren bei Mann und Frau gleich, aber die Frau ist bzw. war gegen deren Manifestation besser geschützt, biologisch durch die geringere Verträglichkeit von Alkohol, sozial durch geringere Exposition und stärkere Ächtung. Die steigende weibliche Alkoholismushäufigkeit läßt sich mit dem Wegfall des sozialen Schutzes erklären. Der biologische Schutz wird hoffentlich nicht auch noch unterlaufen werden!

Fassen wir zusammen: *Die* Ursache und *das* Gen für Trunksucht gibt es nicht. Verschiedene Kombinationen von Anlage- und Umweltfaktoren können zu Alkoholismus führen, der somit auf komplexen und komplizierten Bedingungsgefügen beruht. [24]

Es ist eine Binsenweisheit, daß häufiges und schweres Trinken den Boden für Alkoholsucht bereitet, aber keineswegs immer dazu führen muß. Man hat die Befunde dahin gehend gedeutet, daß die Sucht im wesentlichen genetisch bedingt ist. Voraussetzung zu ihrer Manifestierung ist jedoch fortgesetztes starkes Trinken, welches wiederum vorwiegend durch die Umwelt bewirkt wird. Die Gegenhypothese, die ebenfalls durch einige Befunde gestützt wird, besagt dagegen, daß genetische Faktoren schon und gerade an dem Entschluß, oft und viel zu trinken, maßgeblich beteiligt sind. Sucht und Abhängigkeit stellen sich dann mehr oder weniger automatisch ein oder werden durch die Umwelt gefördert. Es ist klar, daß in beiden Fällen früher Kontakt mit Alkohol und eine alles verstehende und gänzlich wertneutrale Erziehung Schaden stiften.

Als genetische Grundlage kommen Stoffwechselbesonderheiten und disponierende Persönlichkeitsvarianten in Betracht. Persönlichkeitsmerkmale sind multifaktoriell bedingt, d. h. mehrere Gene sind beteiligt und dazu noch Umweltfaktoren. Enzyme beruhen eher auf einem einzigen Genpaar, sind monogen.

Folgen des Alkoholismus

Im Anfang sind die Reaktionen individuell recht verschieden: Manche Betrunkene werden im Rausch aggressiv, andere bekommen das heulende Elend und wieder andere schlafen unvermittelt ein. Auch später sind neben äußeren Einflüssen (Ernährung z. B.) Erbfaktoren daran beteiligt, welche Folgekrankheiten auftreten, z. B. ob jemand eine Leberzirrhose oder eine Alkoholpsychose bekommt oder nicht, und wie rasch er sie bekommt. Bei langem und schwerem Mißbrauch trägt schließlich jeder Konsument körperliche und psychische Schäden davon, die dann recht uniform sind und kaum noch durch die individuelle Veranlagung, sondern ausschließlich durch die von außen kommende Giftwirkung bestimmt sind.

Weit verbreitet ist die Befürchtung, exzessive Alkoholmengen würden Mutationen, also Erbänderungen auslösen und dadurch die Nachkommen schädigen. Im Tierexperiment kommt das vor, allerdings bei Alkoholmengen, wie sie der schlimmste Alkoholiker kaum je zu sich nimmt. Beim Menschen ist es nicht nachgewiesen. Bei Alkoholikern wurde zwar eine erhöhte Zahl von Chromosomenbrüchen gefunden, und das ist ein Zeichen, daß die Erbsubstanz geschädigt ist. Aber die Chromosomenbrüche wurden an weißen Blutzellen festgestellt, da diese für Untersuchungen leichter zugänglich sind als die Keimzellen, und wir wissen nicht, ob in den Keimzellen derselbe Befund vorliegt. Die Mutationsforschung beim Menschen ist schwierig, weil der Mensch eine geringe Nachkommenzahl und eine lange Generationsfolge hat und weil man nur sehr begrenzt mit ihm experimentieren kann und darf.

Mehrere Untersuchungen fanden unter den Nachkommen von Alkoholikern eine erhöhte Zahl von Schulrepetenten, Hilfsschülern, Asozialen und Straffälligen. Das ist mit größter Wahrscheinlichkeit nicht auf Erbschädigung durch Alkohol zurückzuführen, um so weniger, als diese gleichen Störungen auch bei anderen Verwandten vermehrt vorkommen.

Es ist wohl so, daß die Kinder von ihren Eltern disponierende Persönlichkeitszüge und/oder biochemische Besonderheiten geerbt haben, die dann im Verein mit Umweltbedingungen, die aber nicht unbedingt in der frühkindlichen Umwelt zu liegen brauchen, wiederum zur Alkoholsucht führen. Durch selektive Gattenwahl sammeln sich ähnlich geartete Persönlichkeiten oder anderweitig gestörte Personen in den Trinkersippen an. Akute Räusche und chronische Persönlichkeitsveränderungen des Alkoholikers führen zu sozialem Absinken, zu familiären Problemen, zu einer Abwehrhaltung der Umgebung, zur Kriminalität und im Teufelskreis zu verstärktem Alkoholmißbrauch. Charakteristisch ist die oft zitierte Unterredung mit dem Arzt: „Warum trinken sie?“ „Weil ich mich schäme“, „Und warum schämen Sie sich?“ „Weil ich trinke.“ Die psychische Veranlagung und die psychologische Notlage der Familienmitglieder im Verein mit wirtschaftlicher Not und sozialer Isolierung treiben diese in verschiedene Anpassungs- und Verhaltensstörungen; manchmal allerdings werden auch Abwehr-, Verarbeitungs- und Verteidigungsmechanismen mobilisiert.

Eine erbschädigende Wirkung großer Alkoholmengen ist beim Menschen also nicht nachgewiesen, doch steht fest, daß Alkohol toxisch auf verschiedene Körpergewebe wirkt. Bei chronischen Alkoholikern beiderlei Geschlechts kommt es zu Hormonstörungen, ferner bei Männern zu Potenzschwäche bis zur Impotenz und zu Störungen der Samenbildung bis zur Hodenatrophie, bei Frauen zu herabgesetzter Empfängnisfähigkeit. Bei dieser Sachlage scheint es paradox, wenn besonders in älteren Untersuchungen immer wieder auf die überhöhte Kinderzahl von Alkoholikern hingewiesen wurde. Die Störungen treten eben nicht bei allen auf und wahrscheinlich spielt der Zeitpunkt eine Rolle: Die großen Kinderzahlen kommen in den Anfangsstadien zustande.

Ein großes und wachsendes Problem stellt die Alkoholschädigung des Ungeborenen im Mutterleib dar. Relativ mäßiger täglicher Alkoholkonsum während der Schwangerschaft ohne eigentliche Sucht erhöht das Risiko von Abgängen, Totgeburten und untergewichtigen, unterentwickelten Neugeborenen. Abstinenz oder drastische Reduzierung des Alkoholkonsums verhilft zu gesunden und unauffälligen Kindern. Sind die Mütter jedoch chronische Alkoholikerinnen, so werden 40–50 % der Kinder mit einer Alkoholembryopathie geboren. Man schätzt ihre Häufigkeit heute bereits auf nicht weniger als 1–3 ‰ aller Geburten. Einschränkung der Trinkmenge während der Schwangerschaft nutzt in diesem Falle nichts. Zu den Hauptsymptomen der Alkoholembryopathie gehört ein allgemeiner Entwicklungsrückstand bei Geburt, der sich in einer allgemeinen körperlichen und geistigen Wachstumsverzögerung fortsetzt, die erst nach dem 7. Lebensjahr aufgeholt wird, wenn überhaupt. Von diagnostischer Bedeutung ist eine Hyperaktivität, die sich aber vom 2. Lebensjahr an von selbst bessert. Dazu kommen verschiedene Anomalien der Gesichtsbildung und Handfurchen vor sowie sonstige Mißbildungen. Etwa 80 % der Kinder sind mehr oder weniger geistig retardiert.

Andere Suchten

Alkohol ist in den westlichen Kulturen das älteste und verbreitetste Suchtmittel, und daher besitzen wir über ihn zahlreichere genetische Untersuchungen als über die anderen Rauschdrogen. Grundsätzlich liegen die Verhältnisse aber ähnlich. [119]

Anlage und Umwelt sind eng miteinander verzahnt. Manche Persönlichkeitsstrukturen sind besonders gefährdet, einer Sucht zu verfallen, andere dagegen weniger. Z. B. behandelte man depressive Patienten früher mangels besserer Therapiemöglichkeiten gelegentlich mit Opiumkuren, und sie wurden bemerkenswerterweise kaum je süchtig!

Andererseits spielt die Umwelt eine ganz wesentliche Rolle. Schon das Suchtmittel ist ein Stoff, der aus der Umwelt kommt und über dessen Verfügbarkeit die Umwelt entscheidet. Ein wichtiger Entstehungsfaktor ist Verführung, besonders bei Jugendlichen. Aus Langeweile, Neugier und Konformitätsstreben in der Clique wird die Sache einmal probiert und dann kommt der Betroffene nicht mehr los.

Welche Bedeutung Kindheitserlebnissen und momentanen Schwierigkeiten zukommt, muß offenbleiben. Die Motive sind mannigfach, ein Anlaß und eine Erklärung zum Suchtmittelgebrauch findet sich immer, wie schon beim Alkoholismus ausgeführt wurde.

In der Opiatforschung sind am Tier in letzter Zeit interessante Befunde gewonnen worden. Man hat zeigen können, an welche Stellen im Gehirn die Opiate wandern, um dort ihre unheilvolle Wirkung auszuüben. Aber wie es dann weitergeht bis zur manifesten Sucht des Menschen, da klafft bis jetzt noch eine große Lücke in unserem Verständnis.

Rauschgiftsüchtige weisen eine erhöhte Zahl von Chromosomenanomalien, besonders Chromosomenbrüchen, in den weißen Blutzellen auf. Nach Beendigung der Drogenzufuhr normalisiert sich das Chromosomenbild, die geschädigten Zellen werden durch normale ersetzt. Zwei Dinge weiß man nicht genau: 1. Inwieweit gelten diese Verhältnisse auch für die Keimzellen? und 2. Sind die Chromosomenveränderungen wirklich den suchterzeugenden Substanzen selbst anzulasten, oder werden sie vielleicht durch Verunreinigungen der Präparate oder durch die Lebensumstände der Süchtigen (z. B. gehäufte Virusinfektionen durch Fixen) hervorgerufen?

Auf die toxische Drogenwirkung ist es zurückzuführen, daß Rauschgift gebrauchende Mütter eine erhöhte Zahl von Fehl- und Totgeburten haben. Die Lebendgeborenen zeigen Entzugserscheinungen. Eine Vermehrung von Mißbildungen unter den Kindern LSD- und opiatsüchtiger Mütter wurde teils behauptet, teils bestritten.

Marihuana hemmt die Zellteilung. Beim Rauchen scheint von den Teerprodukten, aber nicht von den suchterzeugenden Substanzen selbst, dem Cannabinol, eine krebsfördernde Wirkung auszugehen.

Ebenso wie starkes Zigarettenrauchen führt Marihuanarauchen zu Wachstums- und Entwicklungsstörungen beim Fetus. Neuerdings wurden bei den Kindern Marihuana gebrauchender Frauen Merkmale festgestellt, die dem embryonalen Alkoholsyndrom ähneln.

Vom Heroin ist bekannt, daß es die Plazenta durchwandert und in beträchtlichen Mengen im kindlichen Gewebe vorkommen kann. Wie oft das tödlich für das Kind ist, weiß man aber nicht.

Über den Alkoholismus wissen wir wenig genug, aber immer noch mehr als über die Rauschgifte, mit denen unsere mitteleuropäische Gesellschaft in diesem Ausmaß erst seit kurzem konfrontiert ist und über die sie erst noch ihre unheilvollen Erfahrungen sammeln muß.

SCHIZOPHRENIEN

Als Beispiel für die endogenen Psychosen sollen hier die Schizophrenien stehen. Da sie mit einem Vorkommen von 0,8 % zu den häufigsten psychischen Krankheiten gehören, stellen sie ein großes praktisches Problem dar. Außerdem haben sie wegen ihrer schillernden, oft bizarren und unheimlichen Symptomatik die Psychiater seit jeher fasziniert – Künstler und Laien übrigens auch. Daher ist ihnen eine große Zahl von Untersuchungen gewidmet. Trotzdem hat sich das Geheimnis ihrer Ursache noch immer nicht gelüftet.

Zunächst eine kurze Skizzierung des Krankheitsbildes. Am auffallendsten sind Störungen des Denkprozesses, Veränderungen der Gefühle, Sinnestäuschungen und Wahnvorstellungen. Der Kranke kann sich nicht mehr konzentrieren, nicht mehr logisch denken. Seine Gedanken reißen ab; er glaubt, sie würden von geheimen Mächten gelenkt oder jeder könne sie wahrnehmen. Er klagt, daß seine Gefühle stumpf geworden seien oder ihm von fremden Mächten eingegeben, „gemacht" würden. Er hört Stimmen, sieht Erscheinungen und nimmt Gerüche wahr, die in Wirklichkeit gar nicht vorhanden sind. Er fühlt sich verfolgt oder glaubt das Essen sei vergiftet; oder er hat Visionen, fühlt sich erleuchtet und zu Großem berufen. Aus diesen Störungen resultieren Verhaltensstörungen. Der Kranke kann nicht mehr arbeiten, er sitzt stumpf und untätig herum, liegt unbeweglich zu Bett; oder aber er tut verkehrte Dinge, gerät in Erregungszustände und neigt zu Gewalttätigkeit. Das Krankheitsbild ist sehr variabel. Nicht jeder Kranke hat alle der geschilderten Symptome, und nicht jeder ist gleich schwer erkrankt. Kranke mit Vergiftungs- und Verfolgungsideen z. B. bleiben häufig sozial und beruflich voll integriert; sie ergreifen lediglich gewisse Vorsichtsmaßnahmen, die der Umwelt als Schrullen und komische Gewohnheiten erscheinen. Andere Kranke dagegen verweigern jegliche Nahrung oder beschimpfen ihre vermeintlichen Verfolger aufs gröbste, so daß sie alsbald in die Klinik gebracht werden.

Der Beginn der Erkrankung liegt meist zwischen dem 20. und

30. Lebensjahr, selten nach dem 50. Jahr oder im Kindesalter; er kann unmerklich und schleichend oder aber plötzlich und dramatisch sein. Die Krankheit verläuft nur selten gleichmäßig fortschreitend, sondern meist in Schüben. Zwischen den akuten Schüben kann weitgehende Normalisierung erfolgen, besonders in den Anfangsstadien. Im Laufe der Zeit kommt es zu Defekten der Denk-, Konzentrations- und Leistungsfähigkeit und zu Persönlichkeitsveränderungen verschiedenen Grades. Die Residuen können also geringfügig oder sehr schwer sein. In einer Nachuntersuchung ehemaliger Patienten in Bonn [47] waren 39 % sozial geheilt, 37 % konnten begrenzt oder unter ihrem früheren beruflichen Niveau erwerbstätig sein und nur 24 % waren erwerbsunfähig.

Die Schizophrenieforschung spiegelt die beiden Hauptrichtungen der heutigen Psychiatrie getreulich wider: eine mehr biologisch und eine rein psychologisch orientierte.

Der naturwissenschaftlich eingestellte Teil der Psychiater nimmt eine körperliche Grundlage an, aus der über verschiedene reaktive und psychodynamische Mechanismen die endgültige Psychose hervorgeht. Wir kennen diese Grundlage heute zwar nicht, aber sehr vieles spricht dafür. Es gibt Psychosen, die sicher auf einem körperlichen Schaden, insbesondere einem Schaden am Zentralnervensystem beruhen, oder die durch bestimmte Drogen hervorgerufen werden können; warum sollten nicht auch die Schizophrenien eine derartige reale Grundlage besitzen? Jedenfalls sind sie mit zahlreichen körperlichen Störungen verknüpft. Im Blut und im Urin von Schizophrenen wurden verschiedene auffällige Stoffe gefunden. Man weiß auch, daß bestimmte organische Verbindungen, die sog. Neurotransmitter oder biogenen Amine, entscheidend an der normalen Funktion des Gehirnes beteiligt sind. Werden sie bei Tieren experimentell verändert oder ausgeschaltet, so treten schwere Verhaltensstörungen auf, die gelegentlich gewisse Ähnlichkeiten mit dem Verhalten depressiver oder schizophrener Patienten zeigen. Freilich ist größte Vorsicht bei Analogieschlüssen von diesen tierischen Verhaltensstörungen auf menschliche Psychosen am Platze, aber gewisse Fingerzeige ergeben sich doch. Weiterhin erzielen die Psychopharmaka (Medikamente mit spezifischer Wirkung auf das Zentralnervensystem und auf psychische Vorgänge) große Erfolge in der Behandlung geistiger Störungen. Im Tierexperiment kann man zeigen, an welchen Stellen diese Stoffe in den

Hirnstoffwechsel eingreifen und man hofft so rückschließend, Hinweise auf den Ort und die Art der Störung zu finden. Letzten Endes sind, wie wir später sehen werden, offenbar Erbfaktoren an der Entstehung einer schizophrenen Erkrankung beteiligt [40, 81, 114, 117], und eine erbliche Grundlage können wir uns nicht anders als stofflich, somatisch vorstellen.

Die Anhänger der rein psychogenetischen Theorie, die sehr oft keine Psychiater, also keine Ärzte sind, sondern Psychologen oder Soziologen, glauben, daß Schizophrenie als eine Krankheit des Geistes grundsätzlich auch eine geistige Ursache besitzen müsse und auf keinen Fall eine körperliche und schon gar keine erbliche Grundlage haben könne. [6] Die Ursache wird in psychischen Belastungen und Traumen gesehen, die im Rahmen der Familie, der sozialen Umwelt, der Gesellschaft oder der Kultur liegen können. Durch sie bricht der Kranke seelisch zusammen, ja, er flüchtet sich direkt in die Krankheit: „Der Wahn ist schöner als die Realität." Ferner wird die Schizophrenie als eine erlernte Denk- und Verhaltensstörung betrachtet.

Weiterhin hat man die Hypothese aufgestellt, nicht der Patient sei krank, sondern die Familie; sie suche sich den Kranken als Opfer aus und projiziere ihre Probleme auf ihn, bis er mit einem psychischen Zusammenbruch reagiert. Schließlich wird behauptet, die Gesellschaft sei es, die krank sei, und sekundär den Patienten krank mache. Das medizinische Problem wird hier von revolutionären Elementen zu einem weltanschaulich-politischen umfunktioniert, und das Schlimme daran ist, daß der Kampf auf dem Rücken und zum Schaden der Patienten geführt wird. Die Versuche mit „Patientenkollektiven" zeugen davon. Da Schizophrenie in allen Gesellschafts- und Kulturformen vorkommt, ist die Hypothese von der Gesellschaft als Schizophrenieursache von vornherein unwahrscheinlich. Dagegen können Kultur und Religion die Symptomatik und die Gedankeninhalte der Psychose färben. Auch ist die Toleranz dem psychisch Kranken gegenüber und sein Ansehen in verschiedenen Kulturkreisen unterschiedlich.

Die reine Psychogenese und Umweltbedingtheit sämtlicher psychischer Erkrankungen, also auch der Schizophrenien, ist in den letzten Jahrzehnten in der Fach- und in der Laienpresse sehr stark hochgespielt worden. Teilweise war dies eine verständliche Reaktion auf die vorausgegangene Überbetonung des Anlagefaktors und auf die zunehmende Technisierung und Ent-Individualisierung der Medizin, deren Ausmaß zwar gelegentlich übertrieben wird, die aber doch nicht ganz übersehen werden dürfen. Auf den Versuch politischer, revolutionärer Strömungen, auch dieses Problem für ihre Parolen einzuspannen, wurde bereits hingewiesen. Darüber hinaus scheint es aber noch zwei tiefere Gründe zu geben. In dem Gegensatz zwischen den Verfechtern der genetisch-biologischen und der umweltbedingt-psychodynamischen Entstehung kommt offensichtlich wieder einmal der jahrhundertealte Zwist zwischen Monismus und Dualismus zum Ausdruck. Zweitens spielt die instinktive Auflehnung des Menschen gegen die angebliche Unabänderlichkeit eine Rolle. Erbbedingt wird gleichgesetzt mit determiniert, was natürlich falsch ist. Vererbt werden ja nicht Tatsachen oder Schicksale, sondern Informationen, Potenzen und Reaktionsmöglichkeiten (vgl. S. 7 ff.).

Erbfaktoren

Fast alle Untersuchungen haben ergeben, daß Schizophrenien und abnorme Persönlichkeiten unter den Verwandten von Schizophrenen häufiger vorkommen als unter den Verwandten von nichtschizophrenen Personen. Die Zahlen der einzelnen Untersuchungen schwanken zwar etwas, im großen und ganzen aber, und besonders in den Proportionen, stimmen sie überein. Tabelle 3 zeigt, daß Geschwister und Kinder ein weit höheres Erkrankungsrisiko für Schizophrenie aufweisen als z. B. Vettern und Basen oder Neffen und Nichten. Die Konkordanz von zweieiigen Zwillingen beträgt 5–16 %, also ungefähr ebensoviel wie das Erkrankungsrisiko für Geschwister. Zweieiige Zwillinge sind sich in ihrer Erbausstattung ja auch ebenso ähnlich oder unähnlich wie gewöhnliche Geschwister. Die Konkordanz von eineiigen Zwillingen jedoch ist mit 20–75 % rund viermal so hoch. Eineiige Zwillinge sind bekanntlich aus einer einzigen Eizelle hervorgegangen und besitzen gleiches Erbgut.

Die Richtigkeit dieser empirischen Risikoziffern wird im allgemeinen selbst von erbitterten „Psychogenetikern“ nicht bestritten. Über die Bedeutung der Zahlen aber gehen die Meinungen auseinander. Bis vor etwa 40 Jahren galt die Tatsache, daß das Erkrankungsrisiko parallel zur Nähe der Blutsverwandtschaft mit einem Schizophrenen so deutlich zunimmt, als eindeutiger Beweis für Erblichkeit. Dann jedoch stellte man die

Tabelle 3: Erkrankungsrisiko an Schizophrenie für die Verwandten von Schizophrenen. Die Zahlen wurden aus den wichtigsten Untersuchungen zusammengestellt, in Klammern stehen die aus allen Untersuchungen berechneten Mittelwerte.

Verwandtschaftsgrad zu einem Schizophrenen	Erkrankungswahrscheinlichkeit (Korrigierte Prozentziffern)	
Eltern	5–10	(6,3 ± 0,3)
Kinder	9–16	(13,7 ± 1,0)
Geschwister	8–14	(10,4 ± 0,3)
Zweieiige Zwillinge	5–16	
Eineiige Zwillinge	20–75	
Kinder zweier erkrankter Eltern	40–68	
Vettern und Basen	2– 4	(3,5 ± 0,4)
Neffen und Nichten	1– 4	(2,6 ± 0,3)
Enkel	2– 8	(3,5 ± 0,7)
Durchschnitt	0,85	

Hypothese auf, daß Familienmitglieder nur deshalb häufiger erkranken, weil sie in einem ähnlicheren Milieu leben als Nichtverwandte. Es handle sich um soziale Vererbung und psychische Ansteckung. Dagegen spricht jedoch das Auftreten von Schizophrenie in milieuverschiedenen Nebenlinien sowie die Tatsache, daß Ehegatten kein erhöhtes Erkrankungsrisiko besitzen, obwohl sie eng zusammenleben.

Auch gegen die Kompetenz der Zwillingsmethode und die Deutung ihrer Befunde im Sinne der Erbtheorie sind Einwände erhoben worden. Man behauptete, daß eineiige Zwillinge (EZ) nicht wegen ihres gleichen Erbgutes viermal häufiger konkordant erkranken als zweieiige Zwillinge (ZZ), sondern deshalb, weil sie sich durch ihre größere Ähnlichkeit auch eine ähnlichere Umwelt und ähnlichere zwischenmenschliche Beziehungen schaffen. Die Umwelt reagiert ähnlicher auf sie und behandelt sie praktisch gleich.

Diese Einwände finden in neueren amerikanischen Untersuchungen keine große Stütze: Fast ebenso viele ZZ wie EZ wurden gleich gekleidet. Hatten die Eltern eine falsche Meinung über die Eiigkeit ihrer Zwillingskinder, so entsprach der Grad der psychischen Ähnlichkeit der tatsächlichen Eiigkeit und nicht der Meinung der Eltern. Sogar ein gewisser „Kontrasteffekt“

ließ sich feststellen: Die Mütter körperlich sehr ähnlicher, oft verwechselter Zwillinge hielten ihre Kinder psychisch für weniger ähnlich, als es die Mütter von selten verwechselten Zwillingen taten. Sie wollten wenigstens auf psychischem Gebiet Unterschiede entdecken.

Die Umwelt für Zwillingspartner, ob sie nun eineiig oder zweieiig sind, ist sicherlich ähnlicher als für einen Zwilling und seine Geschwister; man denke nur an den Effekt der Gleichaltrigkeit. Das Erkrankungsrisiko verhält sich aber gerade umgekehrt und ist für zweieiige und eineiige Zwillingspartner verschiedener als für zweieiige Zwillingspartner und Geschwister.

Die Tatsache, in doppelter Ausfertigung vorhanden zu sein, schafft für eineiige Zwillinge zweifellos eine besondere psychologische Situation. Aber die Behauptung, daß dadurch verursachte Schwierigkeiten der Ich-Bildung zu Schizophrenie führen würden und daß die höhere Konkordanz der EZ lediglich auf Identifikationsmechanismen beruhe, steht auf nicht ganz festen Füßen.

Wenn Zwillingseigenschaft zu Schizophrenie disponieren würde, müßte Schizophrenie unter Zwillingen häufiger sein als unter Einzelgeborenen. Das ist aber nicht der Fall. Anders ist die Situation beim Schwachsinn, der auf Grund der erhöhten vorgeburtlichen und geburtlichen Risiken bei Zwillingen etwas häufiger vorkommt. Weiterhin finden bei Zwillingspartnern nicht nur Identifizierungs-, sondern auch Polarisierungsprozesse statt. Identifizierung hat also nicht generell die Bedeutung, die ihr von psychoanalytischer Seite anhand von Einzelbeispielen zugemessen wird. In der englischen Zwillingsserie von Shields [89] korrelierten die getrennt aufgewachsenen Zwillinge höher für Neurotizismus, Extraversion und sogar für Neurosen als die zusammen aufgewachsenen. Die beste Erklärung ist die, daß zusammen aufgewachsene EZ durch Rollenverteilung und Polarisierung sich weniger ähnlich entwickeln als getrennt aufgewachsene trotz deren verschiedener Umwelt.

Weitere Argumente dafür, daß die hohe Konkordanz der EZ nicht einfach auf Umwelteinflüssen und Identifikation beruht, sind folgende: EZ-Paare, die von frühester Jugend an getrennt, also in verschiedener Umwelt, aufwuchsen, sind mit 66 % ebenso häufig konkordant wie die zusammen in gleicher Umwelt aufgewachsenen Paare. Ferner untersuchte man in Dänemark [25] die Nachkommen von schizophrenen Zwillingsprobanden und auch die Nachkommen von diskordanten, also nichtkranken eineiigen Zwillingspartnern. In beiden Gruppen von Nachkommen erkrankte der gleiche Prozentsatz an Schizophrenie, nämlich rund 12 %. Es liegt nahe, die Erklärung dafür in der elterlichen Erbanlage zu suchen; denn das elterliche Erscheinungsbild und das häusliche Milieu war für die Kinder verschieden: Die einen hatten einen schizophrenen Elternteil, die anderen nicht.

Elegant angelegte Untersuchungen an Adoptivkindern liefern eine weitere Stütze der Erbtheorie der Schizophrenien. Sie verwendeten drei Hauptstrategien:

1. Sie gingen von schizophrenen Eltern aus, die ihre Kinder zur Adoption weggegeben hatten, und stellten fest, wie viele dieser Kinder im Laufe ihres Lebens ebenfalls schizophren wurden, obwohl sie nur Tage oder höchstens Wochen unter dem Einfluß ihrer leiblichen Eltern gestanden hatten. [42] Es zeigte sich, daß die kurz nach Geburt in fremde, nichtschizophrene Familien adoptierten Kinder später etwa gleich häufig an Schizophrenie erkrankten wie zu Hause bei den schizophrenen Eltern aufgezogene Kinder. Dieses hohe Erkrankungsrisiko läßt sich nicht als Adoptionstrauma erklären, denn in einer Kontrollgruppe von Adoptivkindern, die von nichtschizophrenen leiblichen Eltern abstammten, war es nicht vorhanden. Es kann auch nicht auf vorgeburtlichen mütterlichen Einflüssen beruhen, denn nicht immer war die Mutter schizophren, manchmal war es auch der Vater. Eine Erwartungshaltung der Adoptiveltern im Sinne einer "self fulfilling prophecy" (einer sich selbst erfüllenden Prophezeiung) kann ebenfalls kaum eine Rolle gespielt haben: Viele der leiblichen Eltern waren erst nach der Adoption erkrankt, so daß die Adoptiveltern nichts davon wissen konnten.

2. In der zweiten Gruppe ging man von Adoptierten aus, die später schizophren geworden waren, und verglich die Schizophreniehäufigkeit in den biologischen Familien mit der in den Adoptivfamilien. [79, 80] Ergebnis: Schizophrenie kam unter den biologischen Eltern und Geschwistern bzw. Halbgeschwistern weitaus häufiger vor als unter den Adoptiveltern und -geschwistern und in Kontrollgruppen. Besonders hoch war das Schizophrenierisiko unter den biologischen Halbgeschwistern väterlicherseits.

3. Die dritte Strategie schließlich verfolgte das Schicksal von Kindern nichtschizophrener Eltern, die von Schizophrenen adoptiert worden waren ("Cross fostering study"). [111] Kein ein-

ziges Kind erkrankte an einer Prozeßschizophrenie. Es gibt hier begreiflicherweise nur eine einzige Studie und die umfaßt nur 28 Kinder. Kranke Eltern erhalten im allgemeinen kein Kind zur Adoption, genauso wie umgekehrt kranke oder besonders gefährdete Kinder nicht oder nur auf ausdrücklichen Wunsch zur Adoption vermittelt werden. Im vorliegenden Fall waren die Adoptiveltern meist erst nach der Adoption an Schizophrenie erkrankt.

Adoptions- und Zwillingsbefunde sprechen also recht deutlich für die Beteiligung von Erbfaktoren. Sie sagen uns aber leider nicht, welcher Art sie sind, und ein klarer Erbgang läßt sich auch nicht erkennen.

Bereits die bekannten Psychiater Kraepelin in München und Bleuler in Zürich hatten vermutet, daß die dramatischen Symptome wie Wahnvorstellungen und bizarre Verhaltensweisen nicht das Wesentliche der Schizophrenien darstellen, sondern sekundären Reaktionen der Gesamtpersönlichkeit auf grundlegende, aber weniger in die Augen springende Störungen des Denkens, Fühlens, Wahrnehmens und Verarbeitens entspringen. Solche diskreten Störungen stehen vermutlich der genetischen Basis ein Stück näher als die voll entwickelte Psychose, und man könnte sich denken, daß sie am besten vor Beginn der Psychose, vielleicht schon in der Kindheit zu entdecken sind. Der Arzt bekommt aber gewöhnlich erst die voll entwickelte Krankheit zu Gesicht. Die Angaben, die er rückblickend vom Kranken und seinen Angehörigen erhält, sind ungenau und unter dem Eindruck der gegenwärtigen Situation oft unbewußt verfälscht. Geringfügige, möglicherweise aber entscheidende Störungen sind unbemerkt geblieben.

Daher begann man in den sechziger Jahren prospektive Längsschnittuntersuchungen an sog. High-Risk-Kindern. [9,37,67,80] High-Risk-Kinder sind vor allem die Kinder von Schizophrenen, da sie erfahrungsgemäß ein erhöhtes Risiko (etwa 10–16 %) besitzen, später an dem gleichen Leiden zu erkranken. Man beobachtete diese Kinder über Jahre hinweg und suchte alle körperlichen und geistigen Auffälligkeiten zu erfassen – und seien sie auch noch so gering. In einer dänischen Untersuchung [67] zeigten die jungen Nachkommen Schizophrener bei der Erstuntersuchung überdurchschnittlich häufig eine erhöhte Reaktionsbereitschaft und Reizbarkeit des autonomen Nervensystems. Fünf Jahre später hatten 10 % einen schweren psychiatrischen

Zusammenbruch erlitten. Eine amerikanische Forschungsgruppe dagegen sah ganz andere Merkmale als charakteristisch an, nämlich die Kombination von herabgesetzter motorischer Geschicklichkeit, großen Leistungsschwankungen bei Wiederholung der gleichen Denkaufgaben und „präschizophrenen" Eigenschaften wie ablehnendem, reizbarem und emotional instabilem Verhalten. [37] So interessant alle diese Befunde sind, so darf doch nicht unerwähnt bleiben, daß sie von anderen Untersuchungen nicht bestätigt werden konnten. Man muß sie als vorläufig ansehen und den weiteren Verlauf sowie weitere Projekte abwarten.

Wenn es schon nicht gelungen ist, die genetische Grundlage zu fassen, bemüht man sich, wenigstens irgendwelche Zwischenglieder aus der Reaktionskette von der genetischen Anlage (dem Erbbild oder Genotyp) zur fertigen Psychose (dem Erscheinungsbild oder Phänotyp) in den Griff zu bekommen. Hier ist in erster Linie an neurochemische Abweichungen zu denken. Die Neurochemie nimmt heute eine Schlüsselstellung in der Schizophrenieforschung ein. Sie wird allerdings dadurch behindert, daß das menschliche Gehirn im lebenden Zustand nur ausnahmsweise der direkten Beobachtung zugänglich ist, z. B. bei Gehirnoperationen, die auf Grund von Unfällen oder Geschwulstbildungen notwendig werden. Man ist meist auf nach dem Tode entnommenes Hirngewebe angewiesen, welches sich aber sehr rasch verändert. Der Untersuchung abweichender Substanzen in Blut oder Urin sind insofern Grenzen gesetzt, als das Gehirn vom übrigen Organismus durch die sog. Blut-Hirnschranke abgeschirmt ist, die viele Substanzen nach der einen oder anderen Richtung nicht passieren läßt. Eine weitere Schwierigkeit ist die, daß neurochemische Abweichungen nicht nur Ursache, sondern auch Folge oder Begleiterscheinung der schizophrenen Erkrankung sein können. Immer wieder glaubt jemand die biochemische Grundlage der Schizophrenien endlich entdeckt zu haben. Aber die Enttäuschung pflegt auf dem Fuße zu folgen, und es stellt sich heraus, daß die abnormen Befunde nicht spezifisch waren, sondern auch bei anderen Krankheiten vorkommen, und daß sie nichts mit der Ursache der Schizophrenien zu tun hatten, sondern mit dem langjährigen Krankenhausaufenthalt, Besonderheiten der Ernährung, Bewegungsarmut oder übermäßigem Bewegungsdrang zusammenhängen.

Trotzdem hat man gute Gründe für die Annahme, daß die

Neurotransmitter am psychotischen Geschehen beteiligt sind [41] (vgl. auch S. 60). Gegenwärtig stehen verschiedene plausible neurochemische Schizophrenietheorien im Raum. Mit letzter Sicherheit beweisen lassen sie sich aber allesamt nicht. Der zwingende Verdacht, daß die Katecholamine, insbesondere eine Überfunktion des Dopaminsystems, eine Rolle spielen, ergab sich nicht aus der direkten Beobachtung einer Dopaminabweichung bei Schizophrenen, sondern aus der Untersuchung der Angriffspunkte wirksamer Psychopharmaka. Man beobachtete, an welche Stelle des Gehirns diese Medikamente wandern, und das sind vorwiegend Dopaminrezeptoren. Rezeptoren sind Bindungs- oder Anlagestellen einer Nervenzelle für bestimmte Substanzen.

Bedenkt man den schubweisen Krankheitsverlauf mit Besserungen und Rückfällen, so wird man die Transmitterstörung weniger in einer Strukturveränderung, als in einem Regulationsmechanismus vermuten. Tatsächlich sind bis heute keine qualitativen, ja nicht einmal sichere quantitative Abweichungen des Dopamin oder anderer Neurotransmitter im Gehirn Schizophrener gefunden worden. Manches spricht dafür, daß es sich um Veränderungen der Verteilungsmuster insgesamt gleichbleibender Transmittermengen handelt. In dieser Sicht würde der genetische Defekt in den Zellwänden und Rezeptoren bestimmter Hirnzellen liegen und dadurch zu eingeschränkter oder überschießender Funktion bestimmter Neurotransmitter in diesen Zellen führen. Dabei wären die Störungen eher funktionell als statisch, d. h. sie treten bereits bei normaler und erst recht bei vermehrter Beanspruchung auf.

Weiterhin versucht man, dem Erbfaktor bei den Schizophrenien mit Hilfe von genetischen Markern beizukommen. Ein genetischer Marker ist ein Merkmal, dessen Erbgang oder dessen Sitz auf einem Chromosom bekannt ist und das überdurchschnittlich häufig mit dem fraglichen Merkmal, in unserem Fall der Schizophrenie, gemeinsam vorkommt, es sozusagen markiert. Man verwendete u. a. das HLA-System (*H*uman *L*eukocyte *A*ntigen), welches eine sehr vielseitige Rolle spielt und z. B. für die Abstoßung transplantierter Organe verantwortlich ist. Sichere Resultate liegen aber bis jetzt nicht vor.

Ferner zog man zur Erklärung des Fehlens von Mendelziffern Hilfshypothesen heran, z. B. Polygenie, Heterogenie und Manifestationsschwankungen infolge von Umwelteinflüssen.

Polygenie bedeutet Zusammenwirken nicht nur von zwei Genen, sondern von vielen. Selbst wenn jedes einzelne Genpaar den Mendelschen Regeln folgt, so läßt sich das in dem komplizierten Netzwerk der Vielzahl beteiligter Gene nicht mehr erkennen. So einleuchtend dieses Konzept ist, so wenig führt es weiter, solange nicht einzelne Faktoren tatsächlich identifiziert werden. Amerikanische Forscher versuchten, die Theorie der Polygenie zu untermauern, indem sie verschiedene mathematische Erbgangsmodelle aufstellten. Mit Hilfe der Computer geht das schnell und leicht, und die Zahl der vermutlich beteiligten Gene läßt sich rechnerisch so lange verändern, bis das Modell einigermaßen mit den empirischen Befunden übereinstimmt. Die Ergebnisse sind aber nicht schlüssig. Die Lösung wird sicher nicht von der Mathematik herkommen, sondern man muß die Suche nach einzelnen, faßbaren Teilfaktoren verstärken. Sonst besteht die Gefahr, daß Polygenie alles und somit nichts erklärt.

An genetische Heterogenität (Uneinheitlichkeit) ist besonders in Anbetracht des bunten und vielgestaltigen Krankheitsbildes der Schizophrenien zu denken. Sie ist um so wahrscheinlicher, als sich auch klinisch viel einheitlichere und besser definierbare Krankheiten wie Taubheit oder Muskelschwund als genetisch uneinheitlich herausgestellt haben. Allerdings gilt hier ähnliches wie für Polygenie: Solange es nicht gelingt, einzelne Formen wirklich herauszuschälen, bleibt Heterogenie eine Vermutung.

Eine dritte Hilfshypothese nimmt Manifestationsschwankungen der Erbanlage auf Grund von Umwelteinflüssen an. Die Tatsache, daß EZ-Paare trotz ihres gleichen Erbgutes zu etwa 40 % schizophreniediskordant bleiben, zeigt, daß die Erbanlage allein für eine schizophrene Psychose nicht ausreicht. Nichterbliche Faktoren müssen hinzukommen, mögen sie nun in der Person selbst liegen oder aus der äußeren Umwelt kommen.

Umweltfaktoren

Es sei gleich vorausgeschickt, daß diese Zusatzfaktoren oder Auslöser, oder wie man sie nennen mag, offenbar andere sind als die, die man traditionellerweise anschuldigt. Insbesondere die psychogenetischen Theorien der Schizophrenieentstehung mußten sich in den letzten Jahren zahlreiche Abstriche gefallen lassen. Alle Befunde, die zu ihren Gunsten ins Feld geführt worden sind, lassen sich ebensogut oder sogar besser im biologischen Sinn erklären. Eine ausführliche Kritik der bekanntesten Theorien über familiäre Kommunikationsstörungen als Schizophrenieursache gab HIRSCH. [44] Auch wir wollen hier einige Argumente und Gegenargumente betrachten.

In der psychologischen Literatur besonders bekannt, ja berühmt geworden ist die „schizophrenogene Mutter" mit ihrer ambivalenten Haltung dem Kind gegenüber. Unbewußt sucht sie ihre Gefühlskälte und innere Ablehnung des Kindes durch Überbesorgtheit (Overprotection), Verwöhnung und Nachgiebigkeit gutzumachen und legt durch dieses zwiespältige Verhalten den Keim der späteren Psychose in das Kind (double-bind). [6] Der typische „schizophrenogene Vater" dagegen bemäntelt seine innere Schwäche und Unsicherheit durch autoritatives, ja tyrannisches Auftreten und überstrenge Erziehung, worin ebenfalls eine Schizophrenie-Ursache liegen soll. Schließlich werden ganz bestimmte Beziehungskonstellationen der Eltern zueinander und zum späteren Kranken, teilweise unter Einbeziehung der Geschwister, beschrieben. Niemand wird bestreiten, daß es solche auffälligen Persönlichkeiten und emotionalen Spannungen in den Familien der Schizophrenen wirklich gibt, ja, daß sie dort überdurchschnittlich häufig vorkommen. Es ist auch durchaus glaubhaft, daß die gespannte familiäre Atmosphäre im Einzelfall für eine zur Erkrankung disponierte Person eine zusätzliche Belastung und ein auslösendes Trauma darstellt. Warum aber sind die Eltern so unharmonisch, unausgeglichen, gefühlskalt und exzentrisch? Besitzen nicht vielleicht auch sie die Anlage zu krankhaften Reaktionen? Und erkranken ihre Kinder später wirklich nur deshalb, weil sie unter der von ihren Eltern verbreiteten Atmosphäre gelitten haben, und nicht auch deshalb, weil sie deren abnorme Anlage geerbt haben? Es gibt ja erstaunlich viele Kinder, die unter schwersten seelischen Belastungen aufwachsen und nicht schizophren werden.

Übrigens muß man auch daran denken, daß Familie und Umwelt durch die Gegenwart eines Schizophrenen zu ungewöhnlichen Reaktionen veranlaßt werden können. [87] Die Wirkung, die vom Schizophrenen auf die Umgebung ausstrahlt, ist aber nur selten untersucht worden.

Kritische Autoren, die früher die schizophrenogene Mutter als eine oder sogar *die* Ursache der Schizophrenie betrachteten, sind von dieser Ansicht abgerückt. So revidierte z. B. der amerikanische Psychologe Arieti [4] seine frühere Ansicht und meinte 1971, höchstens 25 % der Schizophrenen hätten eine solche schizophrenogene Mutter. Die familiäre Transmission bestehe offenbar nicht einfach in einer erlernten Denk- und Verhaltensstörung, sondern sei viel komplizierter. Die von den Eltern übernommene Information müsse auch verarbeitet werden, und wenn man das nicht berücksichtige, so sei es, als ob man Nahrungsaufnahme isoliert von Verdauungs- und Stoffwechselvorgängen betrachte.

Schizophrene Kranke haben ungefähr doppelt so häufig eine schizophrene Mutter wie einen schizophrenen Vater. Dies – so glaubt man – beweise die psychogenetische Theorie; denn die Mutter besitze ein engeres Verhältnis zum Kind als der Vater, und ihre Erkrankung übe folglich einen verheerenderen Einfluß auf die kindliche Psyche aus als eine Erkrankung des Vaters. Es handelt sich aber einfach um eine statistische Ausleseerscheinung. [21] Weibliche Schizophrene heiraten nämlich häufiger und haben häufiger Kinder als männliche Schizophrene. Sie haben somit überhaupt mehr Nachkommen, also auch mehr schizophrene Nachkommen als die Männer. Das hat vermutlich soziologische Gründe, indem weibliche Kranke noch eher ein wenig im Haushalt zu arbeiten vermögen, als daß männliche Schizophrene den Lebensunterhalt für eine Familie verdienen können. Ein weiterer Punkt kommt hinzu: Sofern die Eltern Schizophrener selbst krank sind, erkrankten sie fast immer erst nach der Geburt des später kranken Kindes. Zum Zeitpunkt der Geburt nun haben die Mütter statistisch ein doppelt so hohes Erkrankungsrisiko vor sich wie die Väter, erstens weil sie im allgemeinen jünger sind und zweitens, weil das weibliche Geschlecht durchschnittlich später erkrankt als das männliche.

Wenn weit zurückliegende Kindheitserlebnisse verantwortlich gemacht werden, so muß man sich fragen: Warum erfolgt die Erkrankung, die psychologisch oft als „Flucht in die Irrealität" gedeutet wird, erst 15 oder 20 Jahre später, wenn sich die Verhältnisse längst schon geändert und gebessert haben? Bei normalen Männern und gesunden Wöchnerinnen ließ sich eine Fülle von traumatischen Kindheitserlebnissen erfragen, die gewöhnlich als Schizophrenieursache angesehen werden. Wenn seelische Belastungen im Rahmen der Familie, wie das sog. "Broken Home", falsches Verhalten der Eltern oder familiäre Spannungen später eine Schizophrenie bei einem Mitglied (warum gerade bei diesem?) hervorrufen sollen, so wundert man sich, warum selbst in größeren Geschwisterreihen immer nur einige wenige Kinder oder gar nur ein Kind und keineswegs alle oder die Mehrzahl erkranken? Selbst wenn man nicht verlangt, daß sämtliche Kinder eines Ehepaares erkranken, so würde man doch eine größere Zahl erkrankter Geschwister erwarten. Allerdings könnte vielleicht eine zeitlich begrenzte psychologische Situation der Eltern für die Erkrankung jeweils nur eines Kindes oder einiger weniger Kinder verantwortlich sein. In diesem Fall müßte eine erhöhte Wahrscheinlichkeit bestehen, daß aufeinanderfolgende Kinder erkranken. Solche Kettenbildung läßt sich aber nicht feststellen. Manche Autoren glaubten gefunden zu haben, daß Schizophrene vorwiegend erstgeborene Kinder seien, andere fanden jedoch im Gegenteil, daß sie vermehrt Letztgeborene seien. Nimmt man alle Untersuchungen zusammen, so scheint es, daß die Stellung der Schizophrenen in der Geburtenfolge ganz zufällig ist und auch diese Tatsache spricht eher gegen als für eine reine Psychogenese.

Da der Mensch nicht nur in der Familie lebt, sondern auch in einer bestimmten Gesellschaft und Kultur, hat man die Suche nach schizophrenieverursachenden Umweltfaktoren logischerweise von der Familie auf komplexere soziologische Beziehungen ausgedehnt.

Grobe seelische Traumen, wie Kriege und Wirtschaftskatastrophen, verursachen keine Zunahme der Schizophrenieerkrankungen. Auch bei Häftlingen von Konzentrationslagern kam Schizophrenie nicht vermehrt vor. [59] Die angeschuldigten feineren und individuelleren Konflikte, wie Kindheitstraumen, familiäre Spannungen, Liebestragödien, berufliche Konflikte, beruhen auf so allgegenwärtigen menschlichen Situationen, daß man sich fragen muß, warum nur ein so kleiner Bruchteil der Menschen (etwa 0,8 %) mit den psychologischen Schwierigkeiten nicht fertig wird und erkrankt, während die überwiegende Mehrzahl von Personen, die ein sicheres psychisches Trauma erlitten haben, eben nicht schizophren wird. Der Verdacht drängt sich auf, daß der spätere Kranke aufgrund seiner Veranlagung alltägliche Ereignisse anders empfindet und verarbeitet als der Normale.

Wenn wirklich jemand schizophren wird, warum erkrankt er gerade an diesem Leiden und nicht etwa an einer Depression, die doch als Reaktion auf ein bedrückendes Erlebnis viel einfühlbarer und verständlicher wäre? Die beiden Wiener Psychiater

Arnold und Hoff [5] konnten zwei Lebensschicksale beobachten, in denen sowohl die äußeren Umstände als auch die innere psychologische Situation außerordentlich ähnlich waren. Trotzdem erkrankte die eine Person an einer Neurose, die andere an einer Schizophrenie. Im letzteren Fall lag familiäre Belastung mit Schizophrenie vor. Der Genetiker W. Lenz [62] sagt mit Recht:

Das Individuum ist eben nicht nur ein Produkt seiner frühkindlichen Erlebnisse und der Fehlhaltungen seiner Umgebung, sondern es trägt auch seine eigenen Reaktionsmöglichkeiten in sich.

Englische und amerikanische Autoren fanden Schizophrenie in den unteren sozialen Schichten vermehrt und schlossen daraus auf eine ursächliche Wirkung schlechter sozialer Verhältnisse. [45] Zu den sozialpsychiatrischen Klassikern in diesem Sinne gehörte die Arbeit von Faris und Dunham 1939. Aber Dunham [19] widerrief seine Aussage 1976. Er hatte nachträglich in der damaligen Studie methodische Fehler entdeckt, die er in einem neuen Untersuchungsplan vermied. Die Ergebnisse stützten die Theorie der sozialen Kausalwirkung dann nicht mehr und Dunhams Schlußfolgerungen lauteten:

Soziale Klasse ist kein ätiologischer Faktor in der Entstehung der Schizophrenie [und] von keinem sozialpsychologischen Faktor konnte gezeigt werden, daß er eine Rolle in der Entwicklung der Schizophrenie spielt.

Manche Autoren haben den sozialen Stand des Patienten *nach* seiner Erkrankung und nicht den *vor* der Erkrankung bzw. den Stand des Vaters berücksichtigt. Schizophrene gehören zwar unter Umständen nach der Erkrankung vermehrt den sozialen Unterschichten an, nicht aber, wenn man ihren sozialen Stand vor der Erkrankung bzw. ihre Herkunft analysiert. Frühere Untersuchungen im damals ländlichen Bayern hatten kein vermehrtes Auftreten von Schizophrenie in den unteren Sozialschichten ergeben, und auch in den USA findet es sich nur in Großstädten über 50 000 Einwohnern, weniger deutlich in mittelgroßen Städten und überhaupt nicht in Kleinstädten; das deutet ebenfalls auf einen Selektionseffekt hin. Ursache und Wirkung scheinen verwechselt worden zu sein: Schizophrenie ist in den unteren sozialen Schichten nicht deshalb häufiger, weil irgendwelche Umstände die Entstehung fördern, sondern weil sich die Schizophrenen infolge ihrer geistigen und wirtschaftlichen Behinderung dort ansammeln.

Ganz ähnlich liegen die Verhältnisse bei dem Befund eines besonders hohen Schizophrenievorkommens in bestimmten Stadtvierteln von Chicago und Bristol. [38] Es handelt sich einmal um elende Slums, zum anderen aber auch um bessere Wohnviertel. Das Charakteristische und Gemeinsame aller untersuchten Wohngegenden war eine hohe Zahl von Einpersonenhaushalten und Wohnpensionen. Daraus hat man den Schluß gezogen, Vereinsamung und Isolierung aus menschlichem und sozialem Kontakt sei die Ursache der Schizophrenie. Nun liegt aber der Verdacht nahe, daß bestimmte Persönlichkeiten bestimmte Stadtteile bevorzugen und die Möglichkeit suchen, allein zu wohnen. Nicht die Isolierung also verursacht Schizophrenie, sondern die Kranken, oder die zukünftigen Kranken geraten aufgrund ihrer psychischen Verfassung in das Alleinsein und in die Isolierung. Die pathogene Wirkung von Vereinsamung soll bestätigt werden durch den hohen Prozentsatz Lediger und Geschiedener unter den Schizophrenen (etwa 40 %). Dagegen kann man aber wieder einwenden, daß dieser Familienstand zwar manifestationsfördernd wirken mag, daß er aber andererseits vermutlich bereits die Folge der Persönlichkeit des Kranken, also Folge der Veranlagung ist. Ähnliches gilt, wenn der Erkrankungsanfang mit einem unglücklichen Liebesverhältnis oder mit Eheschwierigkeiten in zeitlicher Beziehung steht. Es ist oft schwer zu sagen, ob diese Schwierigkeiten nun wirklich die Ursache oder nicht schon die ersten Anzeichen der schizophrenen Erkrankung waren.

Ein gern zitiertes Beispiel für Milieueinflüsse sind die Einwanderer in USA und auch Australien, unter denen ebenfalls eine erhöhte Schizophreniehäufigkeit gefunden wurde. [66] Die Psychodynamiker machen die schwierigen Lebensumstände verantwortlich, denen sich die Einwanderer in dem fremden Land ausgesetzt sehen. Der norwegische Psychiater Ödegaard [72] jedoch, der sich besonders mit diesem Problem befaßt hat – die skandinavischen Länder haben eine verhältnismäßig hohe Auswanderungsrate –, kam zu dem Schluß, daß die präschizophrene Persönlichkeit durch eine gewisse Unruhe und Spannung besonders zur Auswanderung disponiert. Dadurch ist das Schizophrenierisiko unter Auswanderern, die in ihrer neuen Heimat gleichzeitig Einwanderer sind, erhöht. Eine polnische Emigrantenfamilie mit 6 schizophrenen Mitgliedern illustriert diese

Auffassung: Die Großmutter und ihr Bruder waren zu Hause in Polen geblieben und erkrankt; eine Enkelin war noch in Polen geboren, aber in USA erkrankt, und deren zwei Schwestern sowie ein Bruder waren in USA geboren und erkrankt. [30]

Ein solches Einzelbeispiel besagt nicht allzu viel. Es gibt jedoch eine systematische dänische Zwillingsuntersuchung, die die Ansicht von ÖDEGAARD bestätigt. Dänemark ist in der glücklichen Lage, ein sehr vollständiges Zwillingsregister zu besitzen, welches nicht nur alle kranken Zwillinge, sondern sämtliche Zwillingsgeburten im Zeitraum von 1870–1910 erfaßt. In diesem Zwillingsregister fanden sich 25 eineiige Zwillingspaare mit einem oder zwei schizophrenen Paarlingen. [25, 26] Acht Zwillinge waren ausgewandert, das sind weit mehr, als der dänischen Auswanderungsquote von ungefähr 5 % entspricht. Sie gehörten 5 Paaren an. Nur ein Zwillingspaar verhielt sich so, wie man es erwarten würde, wenn die fremde Umwelt tatsächlich die Ursache der Schizophrenie bei Einwanderern wäre: Daß nämlich die ausgewanderten Zwillinge erkranken, die zu Hause gebliebenen jedoch nicht. In diesem einen Paar waren beide Zwillinge ausgewandert und auch erkrankt. In zwei weiteren Paaren waren zwar beide Zwillinge ausgewandert, aber nur einer schizophren geworden; und in den restlichen zwei Paaren war nur einer ausgewandert, aber beide, auch der zu Hause gebliebene, waren erkrankt.

Unterschiedliche Häufigkeit der Schizophrenien in verschiedenen Kulturkreisen und eine Zunahme der Erkrankungen in unterentwickelten Ländern mit zunehmender Zivilisierung und „Verwestlichung“ werden des öfteren behauptet, sind aber bis jetzt nicht bewiesen worden. Die Zunahme ist wohl nur eine scheinbare und beruht auf besserer Erfassung der Kranken, häufigerem Aufsuchen ärztlicher Behandlung, verschiedenartiger Manifestationsweise und vielleicht auch herabgesetzter Sterblichkeit. Die WHO (World Health Organisation = Weltgesundheitsrat) kam in einer Reihe von transkulturellen Untersuchungen zu dem Schluß: Die Schizophrenien sind Krankheiten und nicht einfach ein Kulturprodukt. [82, 112] Die Krankheitsbilder sind in den verschiedenen Erdteilen trotz Prägung durch die jeweilige Kultur im Grunde doch recht ähnlich und die Geisteskranken in aller Welt gleichen sich mehr als die Gesunden. [75] Auch das spricht dafür, daß es sich um echte Krankheiten und nicht um rein gesellschaftliche Phänomene handelt.

Auf die sehr interessanten transkulturellen Unterschiede in der Symptomatik der Schizophrenien und in der Bewertung der Kranken durch die Umgebung können wir hier leider nicht näher eingehen. Generell scheint in den sog. primitiven Gesellschaften die Einstellung gegenüber dem Kranken toleranter und der Verlauf der Psychose günstiger zu sein. Wenn der Kranke sozial untragbar wird, indem er Tabus verletzt oder schwer aggressiv wird, wird er allerdings oft verstoßen, in den Busch gejagt und damit dem Tode preisgegeben.

Weit weniger oft als psychische Ursachen zog man körperliche Faktoren wie vorgeburtliche Komplikationen, Geburtstraumen, Wochenbett oder Klimakterium als Auslöser in Erwägung.

Schizophrene sollen ein niedrigeres Geburtsgewicht gehabt und häufiger Komplikationen vor und während der Geburt durchgemacht haben als ihre gesunden Geschwister und Zwillingspartner. Die Überlegungen gehen dabei in zwei Richtungen. Erstens vermutet man wiederum psychologische Mechanismen, indem das leichtere und schwächere Kind stärker geschont und verwöhnt wird, eine submissive Rolle übernimmt und schließlich schizophren wird. Zweitens denkt man daran, daß die Komplikationen und das leichtere Gewicht die körperliche Resistenz gegen die Schizophrenieanlage schwäche. Dazu ist folgendes zu sagen: Einzelbeispiele, in denen der schizophrene Patient ein niedrigeres Geburtsgewicht aufwies als seine Geschwister oder sein Zwillingspartner, lassen sich in genügender Anzahl finden. Betrachtet man aber die auslesefrei gesammelten Zwillingsserien, so waren die Schizophrenen bei Geburt nicht wesentlich häufiger leichter als ihre gesunden Zwillingspartner. Und wenn sie leichter waren, so betrug der Unterschied oft nur wenige Gramm. Es ist schwer einzusehen, wieso diese minimale Gewichtsdifferenz nach 20 und mehr Jahren den Unterschied zwischen schizophren und nichtschizophren begünstigen soll. Dazu kommt, daß in konkordanten Paaren der leichtere *und* der schwerere Zwilling erkrankt, während in der erdrückenden Mehrheit aller Zwillingspaare, nämlich den rund 99 %, die ganz frei von Schizophrenie sind, auch der leichtere Partner gesund bleibt. Schließlich neigen Zwillinge ganz allgemein zu Untergewicht bei Geburt, erkranken aber nicht häufiger als Einzelgeborene.

Manche Situationen und Ereignisse zeigen überdurchschnittlich häufig eine enge zeitliche Beziehung zum Ausbruch einer schizophrenen Erkrankung, z. B. Adoleszenz, Wochenbett oder Wechseljahre, also Zeiten hormoneller Umstellungen. Die Interpretation dieser Beziehungen ist schwierig. Ein völlig zufälliges Zusammentreffen ist unwahrscheinlich; aber ein strikter, allgemein gültiger Zusammenhang ist ganz ausgeschlossen, denn auch diese Geschehnisse sind für eine Erkrankung weder ausreichend noch nötig. Einerseits erkranken viele Frauen, ohne schwanger gewesen zu sein – von männlichen Kranken wollen wir ganz absehen –, und andererseits führen Adoleszenz, Entbindung und Klimakterium nur ausnahmsweise zu einer schizophrenen Erkrankung. Das demonstriert die bereits erwähnte dänische Zwillingsserie an vier eineiigen Zwillingspaaren. [25] Bei allen vier Paaren erkrankte jeweils eine Schwester nach einer Entbindung an Schizophrenie, zwei Zwillingspartnerinnen blieben gesund, obwohl auch sie Kinder hatten, die beiden anderen Partnerinnen erkrankten konkordant, aber ohne jemals schwanger gewesen zu sein.

Die zuletzt angeführten Beispiele zeigen, daß die Zwillingsforschung, diese Kronzeugin der Erbtheorie, in zunehmendem Maße zur Erforschung von Umweltfaktoren eingesetzt wird. Insbesondere erhoffte man Aufschluß von getrennt aufgewachsenen und von diskordanten eineiigen Zwillingspaaren. Leider wurden diese Hoffnungen enttäuscht. Getrennt aufgewachsene eineiige Zwillingspaare lieferten eine zusätzliche Stütze der Erbtheorie der Schizophrenien, indem sie ebenso häufig konkordant erkrankten wie zusammen aufgewachsene, nämlich zu 60 %. Aufschlüsse über ursächliche oder auslösende Umweltfaktoren brachten sie nicht.

In diskordanten EZ-Paaren unterschieden sich die erkrankten Zwillinge von ihren gesunden Partnern nicht grundsätzlich in Lebensumständen, seelischen Belastungen, bedrückenden Lebenserfahrungen oder körperlichen Krankheiten. Eine einzige Aussage schälte sich heraus: Der schizophrene Zwilling war als Kind ganz allgemein schwächlicher, häufiger krank, submissiver, introvertierter und in seinen Schulleistungen schlechter gewesen als sein gesunder Partner.

Wie bei Einzelgeborenen auch, können bei schizophrenen Zwillingen ganz verschiedene körperliche und seelische Belastungen in Beziehung zum Krankheitsausbruch gebracht werden. Aber jeder Faktor und jedes Ereignis, das für eine individuelle Schizophrenieerkrankung bedeutsam scheint, fehlt bei den meisten anderen und alle derartigen Ereignisse und Belastungen werden zahllose Male erlebt, ohne daß die geringste psychotische

Erkrankung zustande kommt. Noch dazu sind die Belastungen, die zu Schizophrenie führen sollen, recht gegensätzlich: einerseits Verwöhnung (overprotection) und extreme Nachgiebigkeit der Eltern, andererseits Vernachlässigung und zu große Strenge.

Der Gedanke liegt nahe, daß die Auslöser weitgehend unspezifisch sind und erst über Zwischenglieder wirksam werden. Die Manifestation der schizophrenen Anlage scheint durch mehr oder weniger zufällige Konstellationen, durch die Summierung mehr oder weniger alltäglicher Belastungen zu erfolgen, die ein nicht zu Schizophrenie disponierter Mensch spielend bewältigt. Jede normale und erst recht jede schwere Belastung kann die Schwelle zur Krankheit überschreiten lassen. In dieser Sicht könnten verschiedene psychische Belastungen über ein identisches somatisches Zwischenglied wirksam werden, z. B. über eine durch Streß ausgelöste Ausschüttung von Enzymen, Hormonen oder Neurotransmittern. Eine solche Vorstellung könnte die breite Palette psychischer Auslöser sowie manche Widersprüche der Life-Event-Forschung erklären. Es ist folglich wohl weniger sinnvoll, nach *den* Umweltauslösern zu suchen, als vielmehr zu fragen: Wie hat gerade diese Person auf diese Umwelt reagiert und warum hat sie so reagiert? Nach dem Schweizer Psychiater Bleuler muß der Auslöser zum Patienten passen wie der Schlüssel ins Schloß.

Synthese

Eine synthetisierende Betrachtungsweise ist notwendig, und sie gewinnt erfreulicherweise immer mehr an Boden. Die Erbforscher bezogen schon seit langem die Umwelt in ihre Forschungen mit ein, und in neuerer Zeit befassen sich auch prominente Psychologen zunehmend mit genetischen Problemen. Ein schönes Beispiel bot ein Schizophrenie-Symposium in Zürich im Jahre 1970 [10], bei dem die beiden anwesenden Psychologen vorwiegend genetische Vorträge hielten, die Psychiater aber mehr psychodynamisch orientierte Beiträge lieferten.

So unwahrscheinlich eine reine Psychogenese der Schizophrenie ist, so wahrscheinlich spielen psychodynamische Mechanismen bei der Übersetzung von Genotyp in den Phänotyp eine Rolle. Das gestörte Familienmilieu Schizophrener, die gestörten Beziehungen zur Umwelt, die große Zahl psychisch Abnormer unter den Eltern lassen sich so auf der einen Seite als Ausdruck der schizophrenen Anlage, auf der anderen Seite aber gleichzeitig als Auslöser der Psychose verstehen. Erbfaktoren wären in dieser Sicht nicht so sehr für die eigentliche Psychose als für das Stadium vor der Krankheit maßgebend, und psychodynamische Mechanismen wären neben physischen Vorgängen mit entscheidend, ob die Abnormität Krankheitswert bekommt oder nicht. Erbgenetische und psychodynamische Betrachtungsweisen schließen sich nicht aus, wie u. a. die Schriften des Psychologen ROSENTHAL beweisen. [79] Man darf nur nicht Ursache und Wirkung verwechseln, und man darf nicht vergessen, daß das Verständnis, *wie* sich die Erkrankung in und aus einer bestimmten Situation entwickelt, nicht unbedingt erklärt, *warum* der Betreffende so und nicht anders reagiert.

Besonders schön zeigt eine Untersuchung an norwegischen Seeleuten, wie verwickelt die Verhältnisse sind und wie schwierig die Deutung objektiver Befunde sein kann. [103] Die norwegischen Seeleute werden zur niedrigsten sozialen Klasse gerechnet und besitzen ein besonders hohes Erkrankungsrisiko für Schizophrenie; unter ihren Verwandten dagegen findet sich Schizophrenie verhältnismäßig selten, jedenfalls seltener als in den Familien von anderen Schizophrenen. Darin könnte man einen Hinweis sehen, daß keine Vererbung vorliege und daß die Erkrankung durch das einsame und unstete Leben zur See hervorgerufen würde. Andererseits aber waren die schizophrenen Seeleute meist schon auffällig, bevor sie zur See fuhren, meist im Sinne asozialen oder psychopathischen Verhaltens. Seeleute rekrutieren sich überhaupt häufig aus Abenteurern, entlassenen Gefangenen und Menschen, die in der sozialen Gemeinschaft auf Einfügungsschwierigkeiten stoßen. Offensichtlich haben die zukünftigen Schizophrenen aufgrund ihrer prämorbiden Persönlichkeit das Seemannsleben gewählt oder sind hineingedrängt worden. Weiterhin gibt es zwei Möglichkeiten: Entweder die Schizophrenie entwickelte sich schicksalsmäßig und prozeßhaft und hätte dies auch ohne Seemannsleben getan. Oder aber sie manifestierte sich infolge der Einflüsse des Lebens zur See, welch letzteres aber bereits auf Grund der durch die Schizophrenieanlage bestimmten Persönlichkeit gewählt wurde.

Alles in allem scheint es angemessen, die Frage nach Ursache und Wirkung in der Beziehung zwischen sozialer Umwelt und Schizophrenie offenzulassen und jedenfalls nicht eindeutig so zu beantworten, daß die soziale Umwelt die Ursache sei.

Ein weiteres Beispiel für die Notwendigkeit einer synthetisierenden, multidimensionalen Betrachtungsweise bieten psychotische Zustände nach Herzoperationen. [68] Nach schweren Operationen am offenen Herzen zeigen die Patienten nicht selten psychotische Zustände. Handelt es sich um rein körperlich bedingte Zustände? Bei der Sektion gefundene Mikroembolien in den Hirngefäßen könnten dafür sprechen. Oder um psychoreaktive Störungen auf den seelischen Streß? Es wäre begreiflich! Oder um die Auslösung einer schlummernden Anlage? Die eigene Vorgeschichte und die Familiengeschichte mancher Patienten lassen darauf schließen. Vermutlich kommen alle drei Möglichkeiten für sich oder kombiniert vor.

Alles deutet darauf hin, daß zum Zustandekommen einer Psychose zwar eine bestimmte Erbanlage notwendig ist, daß aber nicht jeder Träger dieser Anlage mit eherner Notwendigkeit erkranken muß. Man kann den erkrankten Teil mit dem aus dem Wasser ragenden Teil eines Eisberges vergleichen. Die Aussage, eine schizophrene Psychose sei erbabhängig, bedeutet also nicht, daß sie starr vorausbestimmt ist. Daraus folgt, daß therapeutischer Nihilismus nicht am Platze ist, wenn wir auch die kranke Anlage selbst nicht ändern können (vgl. S. 104). Wiederherstellung von Funktionstüchtigkeit und Wohlbefinden ist durchaus möglich. Die Psychopharmaka stellen einen ungeheuren Fortschritt dar, bringen aber offensichtlich eher die Symptome zum Verschwinden, als daß sie die Grundstörung beseitigen. Auch Psychotherapie vermag gelegentlich an entsprechenden Punkten der Aus- und Rückwirkung erfolgreich in den Circulus vitiosus von Anlage- und Umweltwirkung einzubrechen. Sobald wir die Grundstörung der Schizophrenie kennen, wird eine ursächliche Behandlung möglich sein. Sollte sich die Vermutung bewahrheiten, daß alltägliche und unspezifische Reize eine schizophrene Anlage aktivieren, so könnten wir eine schizophrene Psychose zwar nicht durch Ausschalten spezifischer Reize verhüten, weil es solche nicht gibt, eventuell aber durch Abschirmen gegen normale Reize. Eine solche Abschirmung könnte lebenslang notwendig sein oder nur während bestimmter Entwicklungsphasen. Der letztere Fall wäre natürlich praktisch aussichtsreicher.

GEISTIGE BEHINDERUNG

Im Zuge der größeren Toleranz und positiveren Haltung gegenüber psychischen Störungen hat man die alte, mit Vorurteilen belastete, ja als Schimpfwort gebrauchte Bezeichnung „Schwachsinn“ durch Benennungen wie geistige Behinderung, Lernbehinderung, geistiger Rückstand, Geistesschwäche und Minderbegabung ersetzt. Leider bedeutet der Wechsel eines Wortes noch keinen allgemeinen Wechsel der Gesinnung und auch noch kein Mehr an Erkenntnis. Der Leser möge also verzeihen, wenn hier gelegentlich doch noch das traditionelle Wort Schwachsinn gebraucht wird. Es ist gewiß nicht diskriminierend gemeint. Die medizinische Bezeichnung lautet Oligophrenie.

Nachdem man im Mittelalter geistig Behinderte für „Wechselbälger des Teufels“ hielt (Luther z. B. hatte das geglaubt und geschrieben), oder um unberechenbare Launen der Natur, die sich am besten dazu eigneten, fürstliche Herren als Hofnarren zu unterhalten, setzte sich im 18. und 19. Jahrhundert allmählich die Überzeugung durch, daß es sich um Kranke handle. Bald erkannte man auch die familiäre Häufung und schloß daraus auf Erblichkeit. Dieser traditionellen, naiv-naturwissenschaftlichen Betrachtung trat im Laufe des 20. Jahrhunderts die psychosoziale zur Seite, und es gelang ihr zeitweise sogar, die naturwissenschaftliche Betrachtung zu verdrängen. Der polnische Psychiater WALD [110] hat den treffenden Ausspruch getan, daß die Ansicht über den Anteil erblicher und umweltbedingter Faktoren bei der Entstehung geistiger Behinderung beinahe solchen Modeströmungen unterliegt wie die Kleiderlänge der Damen! Die sich anbahnende „biopsychologische“ Betrachtungsweise (siehe S. 3) wird hoffentlich bald Allgemeingut. Sie ist die richtige, denn sie synthetisiert beide Richtungen: Anlage- *und* Umweltforschung.

Geistige Behinderung wird unterschiedlich definiert, je nachdem, ob medizinische, psychologische oder soziologische Gesichtspunkte im Vordergrund stehen. Kurz und bündig und weitgehend soziologisch orientiert ist z. B. die Definition des British Report 1929: Als geistig behindert gilt ein Mensch, wenn er auf Grund unvollständiger geistiger Entwicklung nicht in der Lage ist, eine unabhängige Sozialisation zu durchlaufen. Etwas ausführlicher und umfassender ist folgende Definition: Es handelt sich um eine allgemeine, angeborene oder frühkindlich erworbene Unzulänglichkeit der geistigen Funktionen, aufgrund derer Unfähigkeit besteht, sich ein angemessenes Bild der Umwelt aufzubauen, einen Vorstellungsschatz zu erwerben, logische Bezugssysteme aufzubauen und zu handhaben, sich auf Neues einzustellen und sich aus eigenen Kräften im Leben zurechtzufinden.

Im höheren Alter eingetretene drastische Abnahme der geistigen Fähigkeiten heißt Demenz und gehört nicht zu unserem Thema. Neueste Forschungen haben übrigens ergeben, daß, abgesehen von krankhaften Prozessen, der geistige Altersabbau längst nicht so stark und nicht so unausweichlich ist, wie oft angenommen wird. Man kann durch Üben etwas dagegen tun!

Geistige Behinderung ist keine Krankheitseinheit, sondern ein riesiger Sammeltopf. [71 a, 115] Die wichtigste Einteilung für praktische Zwecke, für Erziehung, Sozialisierung oder Heimunterbringung ist die Einteilung nach dem Intelligenzquotienten (IQ) in schwere (IQ unter 20), mittlere (IQ 20–49) und leichte (IQ 50–70) geistige Behinderung. In der pädagogischen Arbeit hat es sich bewährt, die leichtesten Formen geistiger Behinderung zusammen mit einem Teil des untersten Normbereichs (IQ 70 bis 85) als Lernbehinderung abzugrenzen. Lernbehindert sind Kinder, die den Anforderungen der üblichen Regelschule nicht gewachsen sind; auch normal begabte Kinder mit Teilleistungsschwächen fallen darunter. Die Abgrenzung nach dem IQ ist willkürlich und nicht scharf, die schwersten Formen geistiger Behinderung gehen kontinuierlich und fließend über die mittelschweren und leichten Grade in die normale Intelligenz über. Es sei hier wieder einmal betont, daß der IQ nicht die Intelligenz selbst ist (was auch immer Intelligenz ist), sondern ein psychologisches Meßinstrument.

Der Ursache nach sind die Schweregrade in sich uneinheitlich, also wiederum Sammeltöpfe, und überschneiden sich. Ganz allgemein kann man sagen, daß bei den schweren Fällen häufiger eine Ursache zu erkennen ist als bei den leichten, sei es ein Umwelttrauma oder ein Erbdefekt. Auch weisen sie häufiger körperliche Abweichungen auf. Dagegen besitzen sie eine niedrigere familiäre Belastung.

Unterteilt man nach der Ursache, so ergeben sich fünf große

Gruppen, die allerdings immer noch uneinheitlich sind: 1. Exogene (durch äußere Ursachen bedingte), 2. stoffwechselbedingte, 3. auf Chromosomenanomalien beruhende, 4. syndromale Formen und 5. idiopathische, „befundlose" Oligophrenie.

Exogene geistige Behinderung kann vor, während oder nach der Geburt entstehen. Aus Tierversuchen ist bekannt, daß neben ausgesprochenen Giften die verschiedensten Substanzen zu Schädigung der Nachkommen führen, wenn man sie trächtigen Tieren verabreicht oder vorenthält, z. B. ein Zuviel oder Zuwenig an Vitaminen oder Hormonen oder sonstigen Stoffen. Intelligenzminderung ist nicht immer und nicht ausschließlich die Folge, oft treten auch körperliche Mißbildungen auf. Beim Menschen gehören Röteln und sonstige Viruserkrankungen der Mutter während der Schwangerschaft zu den häufigeren Ursachen vorgeburtlicher Schädigung, ferner intrauteriner Sauerstoffmangel, z. B. aufgrund genitaler Blutungen oder schwerer Allgemeinerkrankungen der Mutter. Relativ häufig sind Schäden während der Geburt. Hier wird das kindliche Gehirn letzten Endes durch Sauerstoffmangel oder durch Blutungen ins Gehirn geschädigt. Besonders gefährdet sind Kinder, deren Geburt schwierig und langwierig war, ferner Frühgeburten, da bei ihnen das Gehirn und sein Gefäßsystem besonders verletzlich sind. Auch niedriges Geburtsgewicht ist erfahrungsgemäß mit einem erhöhten Risiko für Schwachsinn verbunden. Nachgeburtlich kann Schwachsinn z. B. durch Kopfverletzungen, Gehirn- und Gehirnhautentzündungen verursacht werden, ferner durch schwere chronische Ernährungsstörungen und Hungerzustände, wobei der springende Punkt der Eiweißmangel ist. Zwei sehr traurige, aber leider zunehmend häufige exogene Ursachen sind Alkoholmißbrauch der schwangeren Frau und Kindesmißhandlung.

Exogen verursachte geistige Behinderung sollte eigentlich nicht schwer zu erkennen sein. In der Praxis ist das aber leider nicht so einfach. In nur rund 20 % der Schwachsinnsfälle läßt sich ein Umwelttrauma eindeutig feststellen. Ein neurologischer Befund beweist den exogenen Ursprung noch lange nicht; er kann auch Ausdruck einer fehlerhaften Erbanlage sein. Ebensowenig schließt sein Fehlen eine exogene Ursache aus. Selbst nach einem Geburtstrauma einwandfrei dokumentierte neurologische Abweichungen brauchen nach mehreren Jahren nicht mehr nachweisbar zu sein.

Die Angaben der Mutter sind nicht immer verläßlich. Schwere

Traumen bleiben mitunter unbemerkt, wogegen leichte Störungen oft überbewertet werden. Die Mutter hatte während der Schwangerschaft eine leichte Blutung gehabt, die Geburt war kompliziert gewesen oder der junge Säugling hatte eine fieberhafte Infektion bekommen. Derartige Störungen kommen aber häufig vor, ohne daß Schwachsinn die Folge wäre. Manchmal ist die Lokalisierung der Schädigung oder der Einwirkungszeitpunkt ausschlaggebend. Je unreifer das kindliche Gehirn ist, je lebhafter die Wachstumsphase, in der es sich befindet, um so verletzlicher ist es durch Schädigungen. In Zeiten langsamerer oder abgeschlossener Entwicklung werden die gleichen Schädigungen oft problemlos vertragen. Auch an erbliche Dispositionen ist zu denken, die erst in Verbindung mit zusätzlichen äußeren Schäden zu geistiger Behinderung führen.

Besonders problematisch ist das Konzept des "minimal brain damage" (minimalen Hirnschadens) als exogene Schwachsinnsursache. Den gibt es natürlich, aber mitunter wird er eher rückblickend erschlossen – aufgrund von Schwangerschafts- und Geburtskomplikation z. B. – als objektiv festgestellt. Wenn man postuliert, daß er wegen seiner Geringfügigkeit mit unseren gegenwärtigen Methoden nicht nachweisbar sei, so bleibt er in solchen Fällen eine reine Hypothese. Außerdem wird nicht bedacht, daß ein derartiger geringfügiger Hirnschaden auch genetisch bedingt sein kann.

Schließlich gibt es Irrtümer und Fehldiagnosen. Ein kleiner Patient trug die Diagnose „geistige Behinderung aufgrund eines Hirntraumas durch Mißhandlungen des Vaters". Das Kind verstarb an den Folgen der Mißhandlung, aber als Ursache für die geistige Behinderung stellte sich bei der Sektion eine tuberöse Sklerose heraus, die ein dominantes Erbleiden ist. Vielleicht hatte der Vater das Kind nicht zuletzt deshalb mißhandelt, weil es aufgrund der geistigen Behinderung nicht in der Lage war, die elterlichen Erwartungen zu erfüllen.

Wieder einmal besteht die Gefahr, Ursache und Wirkung zu verwechseln. Chronische Bleivergiftung kann bei Kindern zu Begabungsminderung führen. Andererseits ist erwiesen, daß schwachsinnige Kinder gelegentlich erhöhte Bleispiegel im Blut haben, weil sie häufiger als normale Kinder bleiverseuchte Gegenstände von der Straße aufheben und in den Mund stecken oder an bleihaltiger Wandfarbe lecken.

Unter den erblichen Schwachsinnsformen sind zunächst die

Stoffwechseldefekte zu nennen. Sie vererben sich fast immer rezessiv. Durch eine Genmutation ist ein Enzym so verändert, daß es seine Funktionsfähigkeit ganz oder teilweise einbüßt; oder es wird überhaupt nicht gebildet, fällt also ganz aus. Die Folge ist eine Ansammlung von Stoffwechselprodukten vor der Blockierungsstelle oder ein Ausfall hinter dem Enzymblock. Das Gehirn kann somit geschädigt werden durch eine Ansammlung von schädlichen Stoffwechselprodukten, die normalerweise abgebaut werden müßten, oder durch das Fehlen von notwendigen Produkten, die nicht oder nur ungenügend gebildet werden. Der erstere Mechanismus ist häufiger.

Bei einigen der stoffwechselbedingten Oligophrenien ist bereits eine erfolgreiche Behandlung der Kranken möglich. Sie muß allerdings einsetzen, bevor irreparable Schäden am Gehirn eingetreten sind, ist also mehr Prävention als Therapie. Voraussetzung ist die Früherkennung des Leidens. Ferner kann man die erscheinungsbildlich gesunden, mischerbigen Überträger feststellen. Dies ist von Bedeutung, wenn Geschwister oder Kinder eines Kranken heiraten möchten und wissen wollen, ob sie die Anlage besitzen und welches Risiko für die Nachkommenschaft besteht. Man wird in solchen Fällen auch den zukünftigen Ehepartner untersuchen und kann dann die Krankheitserwartung für die Kinder angeben. Ist der Ehepartner frei von der Anlage, so besteht für die Kinder kein Erkrankungsrisiko, doch werden 50 % wieder mischerbige Überträger sein. Bei einigen Leiden besteht die Möglichkeit der pränatalen Diagnose. [56, 71] Sind beide Ehepartner mischerbig, haben aber Kinderwunsch trotz des hohen Erkrankungsrisikos von 25 % für die Nachkommen, so kann man kranke Leibesfrüchte bereits im Mutterleib erkennen und die Schwangerschaft abbrechen.

Eine der häufigsten Erkrankungen aus der Gruppe der stoffwechselbedingten geistigen Behinderungen ist die Phenylketonurie, auch Brenztraubensäure-Schwachsinn genannt. Aufgrund eines rezessiv erblichen Defekts des Enzyms Phenylalaninhydroxylase kann das Phenylalanin der Nahrung nicht ordnungsgemäß abgebaut werden. Abnorme Stoffwechselprodukte sammeln sich an und schädigen das kindliche Gehirn; Schwachsinn ist die Folge. Wird der Defekt rechtzeitig, d. h. möglichst bald nach Geburt erkannt und mit phenylalaninfreier Diät behandelt, entwickeln sich die Kinder normal. Da Phenylalanin überall in der menschlichen Nahrung vorkommt, besteht die Diät aus künstlichen Nährstoffgemischen. Sie muß etwa bis zum 10. Lebensjahr beibehalten werden, dann kann normale Kost gegeben werden. Die meisten geburtshilflichen Kliniken führen heute beim Neugeborenen routinemäßig einen Test auf Phenylketonurie durch und so werden die betroffenen Kinder fast durchweg rechtzeitig erfaßt und behandelt. Doch ist ein neues Problem entstanden. Infolge der Behandlung wachsen zunehmend Frauen heran, die geistig nicht oder kaum behindert sind, obwohl sie den Enzymdefekt besitzen. Ihre Kinder leiden erwartungsgemäß nicht an Phenylketonurie, weisen aber eine erschreckende Zahl körperlicher und geistiger Defekte auf. Daher sollten solche Frauen während der Schwangerschaft eine phenylalaninarme Diät einhalten.

Die Phenylketonurie ist ein Beispiel, daß selbst bei einem so klassischen Lehrbuchbeispiel für rezessive Vererbung, wie sie es darstellt, die Umwelt noch eine gewisse Rolle spielt. Das klinische Symptom Schwachsinn wird erst ausgelöst durch einen Umweltfaktor, nämlich das Phenylalanin der Nahrung, und es kann wiederum durch einen Umweltfaktor verhütet werden, nämlich durch phenylalaninfreie Diät. Trotzdem handelt es sich um ein Erbleiden: Der Umweltstoff Phenylalanin ist ubiquitär vorhanden, der erbliche Phenylalaninhydroxylase-Mangel kommt aber nur bei einem von 5000 bis 10 000 Menschen vor, macht also den entscheidenden Unterschied.

Im übrigen sind gerade die gut aufgeklärten stoffwechselbedingten Schwachsinnsformen relativ selten und haben daher für die ärztliche Alltagspraxis und die Gesamtheit der geistig Behinderten keine große Bedeutung.

Die zweite Gruppe genetisch bedingter Schwachsinnsformen beruht auf einer fehlerhaften Chromosomenzahl. Chromosomen können ganz oder teilweise fehlen oder überzählig vorhanden sein. Es besteht also ein Zuwenig oder Zuviel an genetischer Information. Wie und warum solche Teilungsfehler entstanden sind, weiß man nur selten. Selten weist bereits ein Elternteil des kranken Kindes eine Störung in der Chromosomenverteilung auf; sie ist aber durch gewisse Mechanismen ausgeglichen, „balanciert“, wie es in der Fachsprache heißt. Meist sind die Eltern unauffällig, der Teilungsfehler der Chromosomen ist sozusagen durch einen Unfall bei der Zellteilung zustande gekommen. Manchmal besteht eine Beziehung zum Alter der Eltern. Mit zunehmendem Alter der Eltern, besonders der Mütter, wächst das Risiko, Kinder mit bestimmten Chromosomenanomalien zu bekommen.

Bei überzähligen oder fehlenden Geschlechtschromosomen (Gonosomen) besteht nicht immer, aber häufig eine Intelligenzminderung. Zahlenmäßige Aberrationen der übrigen Chromosomen (Autosomen) sind praktisch immer mit schwerem Schwachsinn verknüpft; seine Bedeutung tritt aber gegenüber den meist ebenfalls sehr schweren körperlichen Mißbildungen in den Hintergrund. Die Kinder sterben früh. Eine gewisse Ausnahme bildet der Mongolismus, der auf einer Trisomie (dreifaches Vorhandensein) des Chromosoms Nr. 21 beruht, mit leichteren körperlichen Anomalien verbunden ist und Überleben bis ins Erwachsenenalter erlaubt. Der Name kommt daher, daß die Augenstellung eine gewisse Ähnlichkeit mit der der mongolischen Rasse aufweist. Man verwendet heute aber bevorzugt die Benennung "Down-Syndrom" nach dem Arzt, der die Störung erstmals erschöpfend beschrieben hat. Das Down-Syndrom ist relativ häufig, ein Fall kommt auf etwa 650 neugeborene Babies. Das Risiko nimmt mit dem Alter der Mutter zu, für die Kinder von Frauen über 40 Jahre beträgt es 1:100 und von Frauen über 45 Jahre gar 1:46. So wird das Down-Syndrom seltener, wenn die Frauen jung heiraten, bald Kinder haben und die Fortpflanzung dann abschließen. Äußere Umstände wie übliches Heiratsalter einer Bevölkerung oder Ausmaß der Geburtenverhütung älterer Frauen beeinflussen also die Häufigkeit dieses genetisch bedingten Leidens.

In der vierten Gruppe der syndromatischen Formen ist geistige Behinderung mit irgendwelchen körperlichen Defekten verbunden; mit Mißbildungen des Gehirnes z. B., oder mit Augenleiden oder Hautkrankheiten. Die Symptomkombination wiederholt sich in gleicher oder ähnlicher Form bei verschiedenen Familienmitgliedern, so daß an Erblichkeit nicht zu zweifeln ist.

Leider steht die Ursache geistiger Behinderung nur in etwa 40 % aller Fälle einwandfrei fest. Etwa 20 % beruhen auf äußeren Schäden und 20 % auf genetischen Störungen, d. h. auf faßbaren Chromosomenanomalien und pathologischen Genen.

Bei nicht weniger als 60 % der geistigen Behinderung kennen wir die Ursache nicht mit Sicherheit. Diese bedauerliche Tatsache findet ihren Niederschlag in der Benennung dieser fünften Gruppe als befundlose, undifferenzierte, unkomplizierte, aklinische oder idiopathische Oligophrenie. Außer einer Minderung der geistigen Fähigkeiten liegt kein regelmäßiger und charakteristischer Befund vor, obgleich unspezifische körperliche Auffälligkeiten wie schwerfälliger Gang, kleinere Ohr- oder Fingermißbildungen oder vereinzelte Krampfanfälle nicht allzu selten sind.

Bei dieser Sachlage ist der Spekulation Tür und Tor geöffnet. Einigkeit herrscht lediglich darüber, daß die idiopathische geistige Behinderung wiederum uneinheitlich ist und daß in ihr noch sowohl erbliche als auch umweltverursachte Fälle stecken, die mit verfeinerten Untersuchungsmethoden früher oder später faßbar werden. Für den verbleibenden, sicher nicht unbeträchtlichen Rest gehen die Meinungen radikal auseinander.

Genau wie bei der Schizophrenie sind sich Genetiker und Soziologen leidlich einig, daß eine familiäre Häufung vorliegt (siehe Tab. 4). Und hier wie dort sehen die Genetiker diese als Beweis für Erblichkeit an, während die Soziologen sie für eine Folge des gemeinsamen Milieus halten. Mit letzter Sicherheit kann vorläufig keiner der beiden Kontrahenten seine Ansicht beweisen, vermutlich nicht zuletzt deshalb, weil in vielen Fällen eben beide, Anlage *und* Umwelt, beteiligt sind. So glauben manche Forscher, daß die Vererbung in ihrer Bedeutung zwar übertrieben werde, gestehen ihr aber doch grundsätzliche Wichtigkeit zu: Aus Rettichsamen kann man keinen Apfelbaum ziehen. Die psychiatrische Erbforschung geht von der grundlegenden Wichtigkeit der Erbfaktoren aus, ist dabei aber nicht blind gegen die bedeutende Rolle der Umwelteinflüsse.

Auf jeden Fall ist es gerechtfertigt, verschiedene Hypothesen aufzustellen und zu versuchen, sie durch alle möglichen Überlegungen, Analysen und Zusatzuntersuchungen wahrscheinlich zu machen oder zu entkräften.

Tabelle 4: Schwachsinnshäufigkeit (korrigierte Prozentzahlen) unter den nächsten Verwandten von Schwachsinnigen nach Untersuchungen in Schweden. [1, 2]

	Schwachsinnsform der Ausgangsfälle	Geschwister	Eltern	Kinder
Akesson 1961	alle Grade	18	29	40
Akesson 1968	schwer	9	4	–
	leicht	21	29	–

Die Erbhypothese

Die eine Hypothese ist die Erbhypothese. [1, 2, 71 a] Mit großer Wahrscheinlichkeit liegen verschiedene erbliche Grundlagen vor, verschiedene Erbmechanismen und dazu noch Umweltfaktoren sind beteiligt.

Die Zwillingsforschung ist bei geistiger Behinderung für den Nachweis der Erblichkeit weniger geeignet als die Familienforschung in Verbindung mit zytogenetischen und biochemischen Untersuchungen. Jedoch spiegelt sie die Tatsache der Beteiligung und Verflechtung von Vererbung und Umwelt getreulich wider. Die Zwillingsschwangerschaft stellt an und für sich einen Risikofaktor für Schwachsinn dar, indem Zwillingskinder ein erhöhtes Risiko für vorgeburtliche Schädigungen, für Frühgeburt und Untergewicht haben und dadurch der Gefahr eines Schadens am Zentralnervensystem in vermehrtem Maße ausgesetzt sind. Geistige Behinderung kommt unter Zwillingen zwei- bis viermal häufiger vor als unter Einzelgeborenen – ganz im Gegensatz zur Schizophrenie, die unter Mehrlingsgeborenen und Einzelgeborenen gleich häufig ist. Auch normal intelligente Zwillingskinder haben im Durchschnitt einen etwas niedrigeren Intelligenzquotienten als Einzelgeborene; sie holen den Rückstand aber im Laufe der Entwicklung auf. Bei den EZ beträgt die Konkordanz für Schwachsinn 50–100 %, bei den ZZ 20–50 %. Die zweieiigen Zwillinge haben also ebenfalls eine verhältnismäßig hohe Konkordanz. Das erhöhte Vorkommen bei Zwillingen überhaupt, das Vorkommen diskordanter EZ und teilweise auch die hohe Konkordanz der ZZ sprechen für Umwelteinflüsse. Die Tatsache, daß die Konkordanz der EZ aber mindestens doppelt so hoch ist wie die der ZZ, weist auf Anlagefaktoren hin.

Trotz der beträchtlichen familiären Häufung (siehe Tabelle 4), liegen eindeutige Spaltungsziffern, wie sie der Augustinerpater Gregor Mendel in seinen berühmten Erbsenexperimenten erhielt, nicht vor. Sie sind auch gar nicht zu erwarten, da, wie bereits gesagt, auch idiopathische Oligophrenie keine Krankheitseinheit, sondern eine Sammel- und Verlegenheitsdiagnose darstellt.

Auf rezessive Faktoren deutet die etwas erhöhte Häufigkeit von Blutsverwandtschaft unter den Eltern von geistig Behinderten hin. In blutsverwandten Ehen besteht bekanntlich ein vermehrtes Risiko, daß die von gemeinsamen Ahnen abstammenden Eheleute das gleiche krankhafte Gen unbemerkt in sich tragen und daß ihr Kind dann das krankhafte Gen von beiden Eltern erhält und erkrankt. Rezessiver Erbgang ist besonders dann in Betracht zu ziehen, wenn das Kind schwer behindert ist und die Eltern gut begabt sind.

Immer wieder zur Debatte gekommen ist die Frage eines geschlechtsgebundenen Erbganges, denn unter geistig behinderten Anstaltsinsassen überwiegt eindeutig das männliche Geschlecht. Bei dieser Form der Vererbung betrifft die Krankheit nur Männer, wird aber durch die erscheinungsbildlich gesunden Frauen (Konduktorinnen) übertragen. Ein Teil des Männerüberschusses ist wohl durch Auslese bedingt, indem Männer aus sozialen Gründen häufiger asyliert werden als Frauen. Sie sind bei der herrschenden Rollenverteilung der Geschlechter den sozialen Anforderungen weniger gewachsen als die Frauen, die eher noch ein wenig im Haushalt helfen und von der Familie mitgeschleppt werden können. Außerdem ist vielleicht auch die Gefahr der Aggressivität – oder zumindest die Furcht davor – bei männlichen Schwachsinnigen größer.

Jedoch reicht diese Erklärung nicht aus. Es gibt große und sorgfältig untersuchte Familien, in denen fast ausschließlich Knaben und Männer, deren Verwandtschaft über geistig gesunde Mütter geht, von geistiger Behinderung betroffen sind. Bis vor kurzem konnte man geschlechtsgebundenen Erbgang nur durch Stammbaumanalyse erschließen. Das änderte sich, als für eine erstmals 1943 beschriebene Form geschlechtsgebundener geistiger Behinderung mit Makrorchie (vergrößerten Hoden), länglichem Gesicht mit groben Zügen und großen Ohren ein genetischer Marker entdeckt wurde. Man fand nämlich in den 70er Jahren bei betroffenen Männern ein „brüchiges X-Chromosom“ (englisch: fragile X). Bei Züchtung unter bestimmten Kulturbedingungen tritt an solchen X-Chromosomen eine brüchige Stelle auf. Deshalb heißt dieses Syndrom jetzt auch Marker-X-Syndrom oder fragile X-Syndrome. Die Entdeckung bedeutet einen großen Fortschritt, löst aber noch längst nicht alle Probleme: Nicht bei allen kranken Männern einer Familie läßt sich das brüchige X nachweisen und andererseits erscheint es in seltenen Fällen auch bei geistig gesunden Männern. Auch die Konduktorinnen verhalten sich nicht in allen Fällen so, wie sie es lehrbuchmäßig tun sollten!

Übrigens ist es interessant, daß auch die normale Intelligenzverteilung von Knaben und Mädchen charakteristische Unterschiede aufweist. Der mittlere IQ ist bei beiden Geschlechtern gleich. Aber die Knaben zeigen eine größere Variabilität, indem eine größere Zahl von ihnen entweder überdurchschnittlich oder unterdurchschnittlich begabt ist. Die Mädchen dagegen weisen zu einem größeren Prozentsatz eine mittlere, durchschnittliche Begabung auf.

In manchen Familien scheint der Erbgang dominant zu sein, besonders dann, wenn der Schwachsinn nicht so schwer ist, daß er die Fortpflanzung behindert.

Ein Großteil der idiopathischen, unkomplizierten geistigen Behinderung stellt vermutlich das negative Ende der allgemeinen Intelligenzverteilung dar und ist multifaktoriell bedingt wie diese, d. h. mehrere Genpaare sind beteiligt (Polygenie) und dazu Umweltfaktoren. Intelligenz ist in der Bevölkerung in Form einer glockenförmigen Variationskurve verteilt; die Mehrzahl der Personen weist eine mittlere Intelligenzhöhe auf, nach beiden Seiten schließen sich die Personen mit höheren und niedrigeren Begabungsstufen an, und ihre Zahl wird immer geringer, je größer die Abweichung vom Mittelwert ist. [85, 115] Eine solche statistische Verteilung weist darauf hin, daß die betreffende Eigenschaft keine einfache Ursache hat, sondern durch eine Vielzahl von kleinen Ursachen bestimmt wird, deren jede positiv oder negativ (also intelligenzsteigernd oder -mindernd) wirken kann. Ob es sich dabei um Erbfaktoren handelt, darüber sagt die Kurve nichts aus und wir müssen uns diesbezüglich nach anderen Informationsquellen umsehen. Wir finden sie in den Familien- und Zwillingsbefunden und in der Korrelationsrechnung. Sie haben erwiesen, daß die Intelligenzhöhe tatsächlich eine hereditäre Komponente besitzt. Schätzungsweise ist etwa die Hälfte bis zwei Drittel der Intelligenzvarianz genetisch bedingt. [115]

Vor einigen Jahren wirbelte eine Enthüllung viel Staub auf: Die oft zum Beweis der Erblichkeit der Intelligenz zitierten Zwillingsbefunde von Sir Cyril Burt stellten sich als Fälschung heraus. Burt war ein prominenter britischer Psychologe, der für seine Verdienste den Adelstitel erhalten hatte und 1971 im Alter von 88 Jahren geachtet und geehrt starb. Ein Jahr nach seinem Tod fielen Unstimmigkeiten in seinen Zwillingsdaten auf und 1974 bezeichnete sie der amerikanische Psychologe Kamin [53] als glatte Fälschungen. Ein solcher Betrug in der Wissenschaft ist schlimm. An der Tatsache eines Erbeinflusses bei der Intelligenzausbildung ändert sich dadurch aber nichts, denn andere Befunde weisen in die gleiche Richtung [20, 89], wenn sie auch nicht so „schön“, nicht so eindeutig und glatt sind wie die gefälschten!

Daß auch die Umwelt eine wesentliche Rolle spielt, liegt auf der Hand. Jede Begabung braucht Ausbildung und die Möglichkeit, sich zu zeigen. Nicht Intelligenz an sich wird ja vererbt, sondern die Möglichkeit, unter bestimmten Umständen ein gewisses Maß an Intelligenz zu entwickeln. Die Aussage, Intelligenz sei erbabhängig, bedeutet also nicht, daß die geistige Lebensleistung eines Menschen bereits bei Geburt eindeutig und endgültig festgelegt ist, sondern sie besagt, daß Menschen in ihren geistigen Fähigkeiten verschieden sind, und zwar auch oder gerade bei gleicher Erziehung und Ausbildung; sie besagt ferner, daß eine Person in ihrer geistigen Leistung nicht über einen bestimmten, durch die Anlage gegebenen Punkt hinausgelangen kann.

Für einen Teil der unkomplizierten geistigen Behinderung, besonders für die leichteren Fälle, trifft polygene Vererbung, ähnlich wie bei der Intelligenz, sicher zu. Dafür sprechen u. a. die Ergebnisse bestimmter Untersuchungen des Stoffwechsels und der Fingerleistenmuster. Da diese sehr speziell sind, können wir hier nicht näher darauf eingehen.

Jedoch kamen einige Forscher mittels Faktorenanalyse zu dem Ergebnis, daß geistig Behinderte nicht einfach eine schlechte Ausgabe der Normalen sind, sondern grundsätzlich anders. Die Deutung der unkomplizierten geistigen Behinderung als Minuspol der Begabung reicht also nicht aus. Normale Intelligenz ist eine höchst komplexe Erscheinung, und es läßt sich denken, daß bei geistiger Behinderung nicht immer alle Teilfaktoren gleichermaßen ein wenig gemindert sein müssen, sondern daß Störungen der verschiedensten Teilkomponenten vorkommen können, die dann letzten Endes alle auf eine Minderung der geistigen Gesamtleistung hinauslaufen.

Man versucht neuerdings, der menschlichen Intelligenz auf die Schliche zu kommen, indem man untersucht, mit welchen Problemlösungs-, Lern- und Gedächtnisstrategien sie arbeitet, wie lang die Informationsverarbeitungszeit für verschiedene Informationen und die Reaktionszeit ist. Genauso muß man darangehen, Teilleistungsstörungen bei geistig Behinderten herauszuarbeiten, sprachliche, feinmotorische, informationsverbreitende Störungen z. B. Wenn es nicht gelingt, einzelne Erbfaktoren in den Griff zu bekommen, bleiben Polygenie und Heterogenie leere Worthülsen, unbewiesene Hypothesen.

Die soziokulturelle Hypothese

Familiäre Häufung einer Eigenschaft oder Krankheit braucht nun aber nicht grundsätzlich auf Vererbung zu beruhen, sondern kann auch durch gleiche Umweltbedingungen zustande kommen, z. B. Fettsucht durch familiäre Ernährungsgewohnheiten, oder vorgeburtliche Schädigung mehrerer Geschwister durch eine Krankheit der Mutter (vgl. S. 83). Man hat also gleich radikal die Hypothese aufgestellt, unkomplizierte geistige Behinderung sei einzig und allein das Produkt schlechter Umweltverhältnisse. In der Tatsache, daß Minderbegabung in den unteren sozialen Klassen häufiger vorkommt als in den oberen, sah man eine Bestätigung der Milieutheorie und man prägte die Bezeichnung soziokulturelle oder kulturell-familiäre geistige Retardierung. Sie hat sich besonders in Nordamerika eingebürgert, nimmt aber etwas vorweg, was gar nicht bewiesen ist. Man kann nämlich einwenden, daß die Zugehörigkeit zur unteren sozialen Schicht nicht Ursache, sondern im Gegenteil Folge der geistigen Behinderung ist und auf einem Siebungsvorgang beruht. Die geistig Behinderten und ihre Familien sinken sozial ab und sammeln sich in den unteren Schichten an.

Aber selbst wenn man schlechte soziale Verhältnisse als Ursache anerkennen wollte, so weiß man noch längst nicht, welcher Faktor denn nun eigentlich verantwortlich ist. „Unterste soziale Klasse“, „oberste soziale Klasse“ und „schlechte soziale Verhältnisse“, „gute soziale Verhältnisse“, bezeichnen nichts Einheitliches und Einfaches, sondern höchst uneinheitliche und komplexe Situationen, die sich nicht nur in einem Punkt unterscheiden, sondern in sehr vielen Punkten, z. B. Ernährung oder Kindererziehung.

Man hat den springenden Punkt in schlechten hygienischen Verhältnissen und mangelhafter medizinischer Betreuung der unteren sozialen Klassen vermutet. Schwangerenfürsorge und Geburtshilfe sei unzulänglich, das Risiko vorgeburtlicher oder frühkindlicher Infektionen und Traumen sei enorm vermehrt. Dies trifft teilweise sicher zu, weniger für Deutschland und Mitteleuropa als für manche Entwicklungsländer und auch für den amerikanischen Kontinent.

Aus Tierversuchen sowie aus Beobachtungen an Kindern mit Hungerödemen und Kwaschiorkor wissen wir, daß Hunger und Fehlernährung, insbesondere Eiweißmangel zu geistigen Rückständen führen kann, und zwar um so stärker, je früher der Mangel einsetzt und je länger er dauert. Auch Hunger und Eiweißmangel der Mutter während der Schwangerschaft sind in Betracht zu ziehen, jedoch ist darüber wenig Sicheres bekannt. Solche extremen Hungerzustände sind aber in den westlichen Kulturstaaten selbst für die untersten sozialen Klassen im allgemeinen nicht gegeben. Sie kommen in den Entwicklungsländern und auch dort vorwiegend bei Katastrophen wie Krieg, Mißernten und Überschwemmungen vor. Weniger extremer Proteinmangel ist in seiner Bedeutung für die Oligophrenieentstehung schwer zu beurteilen, weil er häufig von Krankheiten und allgemein schlechtem Milieu begleitet wird.

Den ersten Platz in der Diskussion der soziokulturellen Retardierung nimmt jedoch die Theorie ein, daß die Ursache in einem Mangel an intellektuellen Stimuli liege. Man postuliert, daß auch die Lernfähigkeit gelernt werden muß und daß dazu entsprechende Erfahrungen in frühester Kindheit notwendig sind. Für intelligentes Verhalten ist ein intakter zentralnervöser Apparat Vorbedingung, aber mindestens ebenso wichtig ist die richtige Programmierung der entsprechenden Hirnteile für Lernprozesse und Problemlösung durch intellektuelle Reize in frühester Kindheit; eben diese Programmierung findet bei den Kindern der untersten sozialen Schichten nur ungenügend statt. An dieser Theorie wäre nichts auszusetzen, wenn sie nicht die Funktionstüchtigkeit des zentralnervösen Apparates stillschweigend voraussetzen würde und den Fehler auf jeden Fall im Programmierungsvorgang bzw. bei den ihn auslösenden Außenreizen suchen wollte.

Es hat sich gezeigt, daß die alte strenge Zweiteilung in Störungen der Struktur oder der Funktion in ihrer ganzen Schärfe nicht mehr aufrechterhalten werden kann. Für ordnungsgemäßes Funktionieren ist ein intakter Organismus notwendig. Aber andererseits braucht der wachsende Organismus, auch das Gehirn, funktionelle Reize, um ein bestmögliches Wachstum und Endergebnis zu bewerkstelligen (vgl. S. 16). Es besteht eine biopsychische Wechselwirkung. Auf geistige Behinderung angewandt bedeutet dies, daß ein Mangel an intellektuellen Reizen und an Lernmöglichkeiten in frühester Kindheit die regelrechte Ausbildung des Nervensystems behindert, was dann wiederum zu Schwachsinn führt. Zugunsten dieser Hypothese werden die Rattenexperimente (siehe S. 17) ins Feld geführt. Es fragt sich aber, ob die bei reizreich und reizarm aufgezogenen Ratten beobachteten Unterschiede des Verhaltens und der Hirnstruktur wirklich relevant für Schwachsinnsentstehung sind. Kann man das ängstliche und passive Verhalten der reizarm aufgezogenen Ratten mit der geistigen Behinderung des Menschen vergleichen, und sind die Strukturunterschiede des Gehirnes direkt für die Verhaltensunterschiede verantwortlich? Lebende Strukturen besitzen beträchtliche Reserven und können beträchtliche Einbußen ohne Funktionsverlust hinnehmen und ausgleichen. Beim Menschen erschwert ein schwerer Anregungs- und Übungsmangel der höheren intellektuellen Fähigkeiten in den frühen Lebensjahren sicherlich die optimale Ausbildung geistiger Fähigkeiten im späteren Leben; das anlagemäßige geistige Potential kann nicht mehr voll ausgeschöpft werden. Ob diese Erschwerung aber gleichgesetzt werden darf mit Entstehung von geistiger Behinderung, ist zumindest fraglich.

Langdauernde und hochgradige psychische Vernachlässigung des Säuglings und Kleinkindes kann zu Entwicklungsrückständen und Pseudodebilität führen. Die berühmten „Hospitalismus"-Fälle von Spitz [97] zeugen davon. Diese Kinder wurden in überfüllten Krankenhäusern oder Kinderkrippen versorgt, in denen die überlasteten Schwestern gerade noch die körperliche Pflege zu bewältigen vermochten, für mütterliche Zuwendung, kleine Spiele und Zärtlichkeiten aber keine Zeit fanden. Die Kinder schrien zunächst sehr viel; dann wurden sie zunehmend apathisch und blieben körperlich und geistig hinter vergleichbaren Altersgenossen zurück. Man sah die Ursache in mangelnder mütterlicher Zuwendung. Solche Fälle kommen sicher vor, aber nicht so häufig wie gelegentlich behauptet. Auch bei Spitz zeigten nur 15 % der Kinder Erscheinungen von Hospitalismus. Warum gerade diese? Es scheint, als ob Infektionen und Verdauungsstörungen eine Rolle gespielt hätten, und schließlich ist wieder einmal eine besondere Disposition in Betracht zu ziehen.

Berühmt geworden ist ein Experiment des Hohenstaufenkaisers Friedrich II. im 13. Jahrhundert. Er ließ Findelkinder durch Ammen aufziehen und wies die Pflegerinnen an, die Kinder zwar auf das gewissenhafteste zu versorgen, aber kein Wort mit ihnen zu sprechen. Der in Wissenschaft und Kunst sehr interessierte Kaiser wollte dadurch die Ursprache in Erfahrung bringen. Er wollte wissen, welche Sprache ein Mensch ohne Vorbild sprechen würde: Hebräisch? Oder was sonst? Die Kinder starben allesamt. Dies wird heute gelegentlich dahingehend gedeutet, daß sie an dem Mangel an sprachlicher Anregung dahinsiechten. Wahrscheinlicher allerdings ist es, daß sie einer Seuche zum Opfer fielen.

Als weiteren Beweis für die Umweltwirkung führt man Einzelbeispiele an, wie den berühmten Kaspar Hauser und das Wildkind von Aveyron. Auch heute kann man noch gelegentlich in der Zeitung lesen, daß Kinder in völliger Abgeschlossenheit, extremer Raumbeschränkung, ohne Beschäftigungsmöglichkeit, oft in absoluter Dunkelheit und bei unzureichender Ernährung, kurz, unter menschenunwürdigen Bedingungen gehalten worden waren und nach ihrer Auffindung mit schwersten körperlichen und geistigen Schäden ins Krankenhaus gebracht werden mußten. Diese grausamen Zufallsexperimente besitzen aber nur beschränkten Aussagewert. Die Kinder sind oft versteckt worden, weil sie bereits Entwicklungsrückstände oder Abartigkeiten erkennen ließen. Weiterhin ist es ungewiß, inwieweit sie die sicherlich abartige Veranlagung der Eltern geerbt haben und wie sie sich bei ihnen ausgewirkt hat. Der Rückschluß auf die generelle Entstehung von geistiger Behinderung ist mehr als zweifelhaft, denn welches geistig behinderte Kind ist schon unter so extrem eingeschränkten Bedingungen aufgewachsen wie diese unglücklichen Kinder, wie Kaspar Hauser oder gar vergleichbar den geschilderten Experimentratten? Selbst in den übelsten Slums mit hohem Schwachsinnsvorkommen dürfte so etwas kaum jemals geschehen.

Dennoch steht fest, daß Schwachsinn in Elendsvierteln vermehrt vorkommt, wenn andererseits auch dort viele Kinder eben nicht schwachsinnig sind oder werden. Von dieser Problemstellung ging eine amerikanische Arbeitsgruppe aus, als sie ihre Untersuchung in einem typischen Slumviertel von Milwaukee startete. [39] Erwartungsgemäß war geistige Behinderung auch im Slum nicht gleichmäßig verteilt, sondern kam konzentriert in einzelnen Familien vor. Die Beziehung zwischen Intelligenz der Mutter und Intelligenz der Kinder war eng. Je niedriger der Intelligenzquotient (IQ) der Mutter, um so höher war die Wahrscheinlichkeit eines geistig behinderten Kindes. Weniger als die Hälfte der Frauen hatte einen IQ unter 80 (der durchschnittliche IQ beträgt 100), aber diese knappe Hälfte war für vier Fünftel der Kinder mit IQ unter 80 verantwortlich. Der Grund zur geistigen Behinderung der Kinder liegt offensichtlich nicht in der Slumumgebung an sich, sondern in bestimmten, meist selbst minderbegabten Eltern, die im Slum leben. Der Genetiker sieht darin erfreut eine Bestätigung der Erbtheorie. Der Psychogenetiker wendet ein, daß die minderbegabte Slummutter ihren Kindern eine ganz andere Umgebung als die normal intelligente Slummutter schaffe und daß somit doch nicht die Erbanlage, sondern die Umwelt für den Schwachsinn verantwortlich sei. Dann ist es aber schwer einzusehen, warum auch unter den Kindern geistig behinderter Slummütter keineswegs alle, sondern nur einige geistig behindert sind, obwohl sie alle dem doppelten unheilvollen Einfluß von Slum und geistig behinderter Mütter ausgesetzt sind. Das läßt sich viel leichter mit den Spaltungsregeln der Vererbung erklären.

Es gibt ja auch Beispiele von Kindern aus jämmerlichsten Verhältnissen, die überdurchschnittliche Intelligenz entwickelten. Der amerikanische Agrar-Wissenschaftler GEORGE W. CARVER kam während des Bürgerkriegs als Negersklave zur Welt. Er war ein schwaches, kränkliches Kind und wuchs mutterlos in einem ärmlichen Ein-Raum-Farmhaus auf, in dem es kein einziges Buch gab. Zäh erkämpfte er sich Besuche beim Lehrer im Nachbardorf, dann Schulbesuch und schließlich das Studium. Die Zahl seiner Erfindungen und Entdeckungen ist endlos. Allein aus der Erdnuß gewann er 300 Produkte und schuf damit die Grundlage der amerikanischen Erdnußindustrie. [115]

Die amerikanische Arbeitsgruppe begann auch eine prospektive Studie und erfaßte in einer Entbindungsabteilung 40 Mütter mit IQ unter 70, also Frauen mit beträchtlicher geistiger Behinderung. Dann teilte man sie zusammen mit ihren Neugeborenen in zwei Gruppen. In der Experimentgruppe wurden die Mütter in Babypflege, Haushaltführung und Kinderbeschäftigung geschult; die Kinder erfuhren von der ersten Lebenswoche an ein intensives Anregungsprogramm. In der Vergleichsgruppe überließ man Mütter und Kinder ihrem gewöhnlichen Leben und unternahm nichts. Im Alter von 3–4 Jahren waren die Experimentkinder den Kontrollkindern in der Sprachentwicklung deutlich voraus und sprachen ca. dreimal längere Wortfolgen. Auch konnten sie Testaufgaben, wie Sortieren und Zusammenlegen von bunten Klötzchen, viel besser lösen. Inwieweit die Experimentgruppe nicht nur in Testaufgaben, sondern auch im spontanen Verhalten und in komplexen Situationen überlegen war, geht aus den bisherigen Veröffentlichungen nicht deutlich hervor. Die Initiatoren des Experiments glauben jedenfalls, daß der Fortschritt weitergehen wird und daß es ausgeschlossen sei, daß die Experimentkinder jemals wieder auf die Ebene der nachhinkenden Kontrollkinder zurückfallen würden. Sie betonen freilich, man müsse sehen, wie sich die Dinge weiter entwickeln. Eine vorsichtige, abwartende Haltung ist in der Tat notwendig. Jetzt, 15 Jahre nach Beginn des Projektes, ist es still darum geworden und ein ähnlich angelegtes Experiment mit Negerkindern der Südstaaten [55] zeigte keine so günstigen Resultate. Es hatte allerdings nicht gleich bei Geburt der Kinder, sondern erst im Alter von 3–4 Jahren eingesetzt und das Training war nicht so intensiv.

Es liegt auf der Hand, daß solche Projekte bald an eine Grenze stoßen. Aus ethischen Gründen kann man Experimente mit sprachlicher und intellektueller Förderung einer Gruppe von Kindern und bewußtem Ausschluß einer anderen Gruppe nur sehr begrenzt durchführen.

In Europa wird der Beitrag soziokultureller Faktoren zur Entstehung von Schwachsinn zwar manchmal überbewertet, im allgemeinen aber vernünftig diskutiert. In Amerika dagegen prallen die Genetiker und die Umwelttheoretiker weit härter aufeinander. Dies hat im wesentlichen drei Gründe: Der erste Grund ist die therapeutische Machtlosigkeit, die angeblich aus der genetischen Natur einer Störung resultieren soll und die der aktiven Veranlagung des Nordamerikaners offenbar besonders zuwider ist. Eine solche Einstellung zeugt freilich von fundamentaler genetischer Unkenntnis, und es sei hier einmal mehr wiederholt, daß therapeutische Resignation auch bei genetisch fundierten Leiden durchaus fehl am Platze ist. Der zweite Grund mag darin liegen, daß die sozialen Verhältnisse auf dem amerikanischen Kontinent teilweise noch so schlecht sind, wie in Europa höchstens in Ausnahmefällen. Dies gilt schon für Nordamerika, für die Negerslums der Großstädte und für vereinzelte verarmte Gebiete wie z. B. in den Appalachen; es gilt erst recht für Südamerika. Drittens und als Hauptgrund spielt die affektgeladene Situation der Rassengegensätze eine wesentliche Rolle. Schon in der Schule schneiden die schwarzen Kinder schlechter ab als die weißen, von den untergeordneten intellektuellen Leistungen der erwachsenen schwarzen Bevölkerung ganz zu schweigen. Die Hauptursache liegt offenbar in den schlechten Lebens- und Bildungsverhältnissen der Neger. Man fürchtet jedoch den

Anschein rassischer Ressentiments, wenn man auch nur in Betracht ziehen würde, daß auch genetische Faktoren beteiligt sein könnten. So etwas könnte als Versuch ausgelegt werden, über genetisch fixierte und somit unabänderliche Intelligenzunterschiede die Inferiorität der schwarzen Rasse beweisen und den Rassenhaß schüren zu wollen. Es paßt also besser ins Konzept und ist risikoloser, alle Intelligenzunterschiede, einschließlich geistiger Behinderung, grundsätzlich als rein umweltbedingt zu erklären.

Anlage und *Umwelt*

Die Erbtheorie und Einzelbeispiele wie George Carver dürfen natürlich nicht zu der Schlußfolgerung verführen, daß man Kinder einfach ihrem Schicksal überlassen sollte, da die Tüchtigen sich auf jeden Fall durchsetzen werden und bei den Behinderten sowieso Hopfen und Malz verloren ist. Kein Genetiker wird die Bedeutung der Umwelt und die Wichtigkeit von Erziehung, Ausbildung und Training vernachlässigen oder gar bestreiten. Ein pädagogischer Nihilismus wäre völlig falsch.

Die Interaktion von Anlage und Umwelt findet sich bei geistiger Behinderung ebenso wie bei normaler Intelligenz und überdurchschnittlicher Begabung. Auch geistige Minderbegabung ist nichts Starres und Fixiertes, sondern macht Entwicklungen und Reaktionen durch. Ausschöpfen aller erzieherischen Möglichkeiten erzielt oft noch bescheidene geistige Leistungen und gute soziale Anpassung. Ein Kind kann bei sorgfältiger Erziehung manchmal noch der Einstufung als geistig behindert entgehen, die es unter schlechten Verhältnissen unweigerlich erfahren hätte. Es bedarf dazu aber verstärkter Bemühungen, und die Spanne für positive Umwelteinflüsse ist offenbar geringer als bei den Normalen, die Empfänglichkeit gegenüber negativen Umwelteinflüssen dagegen größer. Man schätzt, daß eine ungünstige Umwelt den IQ von an sich schon weniger begabten Kindern um etwa 10 Punkte stärker drückt als den von normal begabten Kindern. Man schätzt weiterhin, daß der Einfluß extremer Bedingungen maximal bis zu 20 Punkte beträgt. Diese 20 Punkte können den Unterschied bedeuten zwischen dem Leben in einer Institution für geistig Behinderte und einem produktiven Leben in der Gemeinschaft, oder den Unterschied zwischen Hilfsarbeiterdasein und gelerntem Beruf. Dies ist um so wichtiger, als minderbegabte Menschen, die früher in einer einfach strukturierten Gesellschaft ihren Platz mit körperlicher Arbeit zu allseitiger Zufriedenheit ausgefüllt haben, den Anforderungen unserer kompliziert gewordenen und hochtechnisierten Welt nicht mehr gewachsen sind. Tätigkeiten, die sie ausüben könnten, gibt es kaum noch für sie.

Eine Adoptionsstudie demonstriert die Anlage-Umwelt-Interaktion bei der Manifestierung geistiger Fähigkeiten in geradezu klassischer Weise. [92] Sie ging aus von 13 Kindern arbeitsloser Eltern aus schlechtesten kulturellen und sozialen Verhältnissen. Die Kinder hatten einen derartig niedrigen IQ bzw. Sozialquotienten, daß man sie nicht zur Adoption zu vermitteln wagte, sondern in einer Anstalt für geistig Behinderte unterbrachte. Zufällig kamen zwei Mädchen nicht in die Kinderabteilung, sondern auf eine Frauenstation, wo sie unter liebevoller Betreuung durch die Patientinnen solche Fortschritte machten, daß man auch die anderen Kinder auf Erwachsenenstationen verteilte. Die Intelligenzleistung besserte sich bei den meisten Kindern erstaunlich und letzten Endes wurden 11 Kinder doch noch adoptiert und erlernten einen Beruf.

Dieses Ergebnis stellt ein Schulbeispiel für die Beteiligung von Erb- und Umweltfaktoren dar: Die zwei Kinder, die trotz günstiger Umwelt nicht berufsfähig wurden, machen 15 % aus und das steht in Einklang mit dem genetisch bedingten empirischen Erkrankungsrisiko für die Kinder von geistig Behinderten. Für den dramatischen Anstieg des IQ bei den übrigen dagegen sind offensichtlich die günstigen Umweltbedingungen verantwortlich, wie andererseits ungünstige Bedingungen in einer weiteren Gruppe von 12 Kindern aus gleichen Verhältnissen ein Absinken des IQ bewirkten. Diese Kinder kamen in ein überfülltes Waisenhaus und niemand hatte Zeit, sich ihrer richtig anzunehmen. Nach 4½ Jahren war der IQ um durchschnittlich 30 Punkte gesunken und die Kinder mußten schließlich in Pflegeanstalten gegeben werden. Lediglich ein Junge, der zufällig in ein Forschungsprogramm aufgenommen worden war, entwickelte sich günstig und erlernte einen technischen Beruf.

Frühere Untersuchungen ergaben, daß Adoptivkinder in den ersten Lebensjahren keine Beziehung zum IQ der leiblichen Mutter und auch keine deutliche Beziehung zum eigenen IQ in späteren Lebensjahren zeigten, dagegen eine beträchtliche Übereinstimmung mit den Pflegemüttern. [93] Erst mit etwa 7 Jahren wurde die Beziehung zur leiblichen Mutter und zum späteren eigenen IQ deutlich und blieb von da an bestehen oder wurde enger. In den ersten Lebensjahren scheinen sich also die Pflegeumstände stärker durchzusetzen, auch die bei der Adoption stattgefundenen Selektionsvorgänge spielen wohl eine Rolle und wirken nach. In den späteren Lebensjahren dagegen treten die anlagemäßigen Möglichkeiten und Begrenzungen stärker hervor. [46]

Für die Zukunft ist anzunehmen, daß Hebung des Lebensstandards, Aufklärung der Bevölkerung, wachsende Erkenntnis der Wissenschaft und verbesserte Schwangerenfürsorge und Geburtshilfe immer mehr Schäden ausschalten und dadurch die Zahl geistig Behinderter reduzieren wird. Die umweltbedingten Schwachsinnsformen werden also abnehmen. Andererseits vermehren jedoch bessere therapeutische Möglichkeiten und intensivere Fürsorge die Lebenschancen geistig behinderter Kinder. Angeborene Mißbildungen des Kopfes, Gehirns, Rückgrats und Rückenmarkes werden heutzutage grundsätzlich operiert – erfolgreich, was das Überleben anbetrifft, aber leider oft nicht so erfolgreich, wenn man die geistigen Fähigkeiten als Maßstab nimmt. Auch die Aufzucht von Frühgeburten hat große Fortschritte gemacht, aber nicht immer können die überlebenden Kinder vor geistigem Schaden bewahrt werden. Die durch ärztliche Kunst bedingte Zunahme geistig Behinderter ist ein Problem, das zwar nicht übertrieben werden soll, aber auch nicht leichtfertig weggeschoben werden darf.

Wiederholt sind Befürchtungen laut geworden, daß aufgrund der überdurchschnittlich hohen Fruchtbarkeit der Minderbegabten und geistig Behinderten eine rapide Intelligenzverarmung der zivilisierten Völker bevorstünde. Hier liegt jedoch ein Erfassungsfehler vor: Man bezog nur die Verheirateten in die Untersuchungen ein und diese haben oder hatten tatsächlich oft sehr viele Kinder; dafür bleibt aber ein hoher Prozentsatz unverheiratet und kinderlos. Die Fruchtbarkeit insgesamt ist also nur geringfügig erhöht, und manche Autoren konnten überhaupt keine Erhöhung feststellen. Zu Panik besteht kein Anlaß. Andererseits erhält die Gruppe geistig Behinderter stets Zuzug durch Kranke, die von gesunden Eltern abstammen. Die weitere Entwicklung bleibt abzuwarten. Bessere soziale Fürsorge und Eingliederungsmöglichkeiten für die geistig Behinderten können deren Heirats- und Fortpflanzungsverhalten möglicherweise rasch ändern.

THERAPIE, PRÄVENTION UND MANIPULATION

Seelische Empfindungen und Äußerungen sind ebenso wie Verhaltensweisen auf verschiedene Art beeinflußbar, sei es durch Medikamente und Drogen, sei es durch Erziehung, Psychotherapie oder Suggestion, sei es durch äußeren Zwang oder Veränderung der endogenen psychischen Grundstimmung. Handelt es sich um Maßnahmen zur Behebung oder Vorbeugung psychischer Störungen, so nennt man das Therapie bzw. Prävention. Die Bezeichnung „Manipulation" dagegen bezieht sich im allgemeinen auf die Beeinflussung und Veränderung normaler Eigenschaften und Personen und ist vom Fluidum des Fragwürdigen, ja Mißbräuchlichen umgeben.

Die Grenze zwischen Therapie und Manipulation verschwimmt allerdings manchmal. Es gibt Soziologen, die bereits in der ärztlichen Therapie psychisch Kranker eine unverantwortliche Manipulierung sehen und finden, man sollte lieber die Gesellschaft und die sog. Normalen verändern. [27] Daß aus dieser Forderung die Notwendigkeit der Manipulierung eines viel größeren Personenkreises hervorgeht, scheint sie nicht weiter zu stören. Natürlich ist die Frage berechtigt: Wer und was ist überhaupt „normal", und inwieweit haben die „Normalen" das Recht, Abweichungen von der Norm zu korrigieren? Die Erörterungen würden ein eigenes Buch füllen. Andeutungsweise kann man vielleicht sagen: Der Normalbegriff beinhaltet unter anderem ungestörte Funktion, gute Anpassung an die Umwelt, Wohlbefinden und Vorkommen bei der überwiegenden Mehrheit. Doch bereits dieser primitive Definitionsversuch enthält einen Widerspruch: In manchen Bevölkerungsgruppen erfreut sich die Mehrheit eben nicht der zuvor aufgezählten Kriterien, dann ist sozusagen das Abnorme normal. Korrektur von Abweichungen dürfte dann gerechtfertigt sein, wenn der Betroffene und bzw. oder die Gruppe, in der er lebt, ernstlich unter ihnen leidet und durch sie Schaden nimmt.

Maßnahmen zur Therapie oder Prävention psychischer Störungen werden häufig recht mißtrauisch betrachtet, weil man fürchtet, sie könnten mißbräuchlich zur Manipulation gesunder

Menschen benutzt werden. Man folgert: Alles, was die kranke Psyche beeinflußt, wird wohl auch die normale Psyche verändern. Diese Schlußfolgerung stimmt nur bedingt, denn es gibt durchaus Mittel, die zwar Störungen beseitigen, bei normalen Verhältnissen aber keine Wirkung entfalten. Andererseits sind viele unserer wirksamsten Heilmittel in Überdosis tödliche Gifte, sowohl für den kranken wie den gesunden Organismus. Es gibt überhaupt nur wenige Dinge, die man nicht zum Schaden der Menschen verwenden könnte. Dynamit findet nicht nur Verwendung beim Straßen-, Tunnel- und Bergbau, sondern auch für Krieg und Terror. Selbst das lebensnotwendige Wasser kann dazu benutzt werden, Menschen zu ertränken.

Doppelt mißtrauisch steht man therapeutischen und präventiven Maßnahmen aufgrund genetischer Erkenntnisse und mit genetischen Methoden gegenüber. Die Gefahr, daß die weitere Entwicklung außer Kontrolle gerät und gar zu verbrecherischem Mißbrauch führt, scheint hier besonders nah. Das Unbehagen gegenüber jedem Eingriff in die Erbsubstanz des Menschen einerseits und seine Psyche andererseits, und gar in beides zugleich, ist zwar nicht immer ganz rational begründet, aber auf jeden Fall verständlich. Werden hier doch die Lebensgrundlagen und der eigentliche Kern des Menschlichen berührt!

Mutationen oder Erbänderungen konnte man schon seit längerer Zeit durch Bestrahlung oder chemische Stoffe erzeugen. Sie erfolgten jedoch zufällig und bedeuteten praktisch immer eine Verschlechterung. Zur Erfüllung des Wunsches, einzelne Gene gezielt in den Griff zu bekommen, mußte man erst einmal mehr Kenntnisse über Struktur und Funktion des genetischen Materials gewinnen. Diese Kenntnis hat sich nun in den vergangenen 30 Jahren enorm vermehrt und zu rapider Entwicklung einer neuen Forschungsrichtung, der Gentechnologie, geführt. [98] Die Gentechnologie steht heute im Blickpunkt des wissenschaftlichen und öffentlichen Interesses. Die Grundlagenforschung verdankt ihr bereits wichtige Neuerkenntnisse, die Medizin sieht einer Fülle ungeahnter praktischer Anwendungsmöglichkeiten in Diagnostik und Therapie entgegen.

Gentechnologische Methoden in der Medizin befinden sich zumeist noch im Entwicklungs- oder Versuchsstadium, sind jedoch gelegentlich auch bereits zur Anwendung gelangt. Diagnostisch läßt sich mit ihrer Hilfe z. B. erkennen, ob ein Verwandter eines Patienten Anlageträger für das gleiche Leiden ist oder nicht.

Man kann diese Techniken auch bereits zur vorgeburtlichen Diagnose einsetzen. Für Therapie und Prophylaxe können Enzyme, Hormone und Impfstoffe in größeren Mengen, zu niedrigerem Preis und in größerer Reinheit hergestellt werden, als es mit den herkömmlichen Verfahren möglich war. Man schleust z. B. menschliche Erbinformation für bestimmte Enzyme oder Immunfaktoren in Bakterien ein und veranlaßt sie dadurch, die Substanzen in großen Mengen zu produzieren, so daß sie bei entsprechenden Mangelzuständen ausreichend und preiswert zur Verfügung stehen. Mit solchen Methoden gewonnenes Insulin gegen Zuckerkrankheit ist bereits im Handel; Interferon gegen Viruserkrankungen, insbesondere gegen Herpes, ist in Erprobung.

Dem Nobelpreisträger von 1968, Khorana, war es vor Jahren erstmals gelungen, ein eiweißproduzierendes Gen einer einfachen Hefezelle künstlich herzustellen. Der praktische Weg zur Synthese jeden gewünschten Gens im Reagenzglas oder zur Korrektur defekter Gene ist jedoch noch weit. Bei den höheren Lebewesen mit ihrem komplizierten, vielzelligen Organismus stoßen derartige Genmanipulationen zusätzlich auf das Problem, wie sie ein künstlich hergestelltes oder ein repariertes Gen dann an den richtigen Ort bringen sollen – durch Ankoppelung an Viren oder Bakterien etwa. Auf den Menschen bezogen gilt das schon für körperliche Krankheiten mit bekannter Grundlage und erst recht für psychische Störungen, deren körperliche und genetische Grundlage wir meist gar nicht kennen. Trotzdem liegt das alles in nicht mehr ganz so nebelhaften Fernen wie noch vor kurzem.

Therapie

Doch kehren wir zurück zu unserem Thema, den Beziehungen zwischen Anlage, Umwelt und psychischen Störungen. Eine Heilung psychischer Störungen des Menschen mit gentechnischen Methoden ist also nicht möglich und zeichnet sich auch für die nähere Zukunft nicht ab. Dennoch besteht kein Anlaß zu therapeutischer Resignation – entgegen der verbreiteten Ansicht, daß „bei Erbkrankheiten ja doch nichts zu machen sei“. Genetisch bedingt ist nicht identisch mit unwiderruflich determiniert, das wurde wiederholt betont, und Heilung im Sinne von Wiederherstellung von Wohlbefinden und Funktionstüchtigkeit ist durchaus möglich. Die Psychopharmaka beseitigen oder dämpfen dramatische Krankheitssymptome wie Angst, Unruhe, Depression und Wahn und helfen dadurch dem Kranken, sich mit sich und seiner Krankheit auseinanderzusetzen, den verlorenen Kontakt zu den Mitmenschen wiederzufinden und sich in die Gesellschaft wieder einzugliedern. Die Grundstörung beseitigen sie aber nicht. Psychotherapie kann besonders bei neurotischen und reaktiven Störungen ungemein segensreich wirken, indem sie dem Kranken die Erkenntnis und Bewältigung seiner Situation ermöglicht. Bei den endogenen Psychosen kommt ihr eine wichtige unterstützende Funktion der medikamentösen Therapie zu. Das Übel an der Wurzel zu packen vermag sehr oft auch sie nicht. Ähnliches gilt für die Verhaltenstherapie. Leider sind gerade bei psychischen Störungen die therapeutischen Aussichten mitunter noch beschränkt, aber das gilt gleichermaßen, ob die Störung nun anlage- oder umweltbedingt ist. Schwere, weitgehend auf Lebenserfahrungen beruhende Neurosen sind therapeutisch mindestens ebenso schwer anzugehen wie die stärker genetisch beeinflußten Psychosen. Geistige Behinderung aufgrund eines schweren Hirnschadens können wir ebensowenig beseitigen, ob der Hirnschaden nun genetisch bedingt oder umweltverursacht ist.

In beiden Fällen kann jedoch sorgfältige Erziehung unter Ausnutzung aller Möglichkeiten oft eine Besserung erzielen und die soziale Anpassung befriedigend gestalten.

Je besser wir über die genetischen Komponenten seelischer Störungen Bescheid wissen werden, um so wirksamere Behandlungsmethoden werden sich ergeben, und um so besser können wir erbliche Schäden durch Umweltmaßnahmen therapieren oder verhüten.

Prävention

Besser als heilen ist vorbeugen. Einer wirksamen Prävention stellen sich jedoch zwei große Schwierigkeiten entgegen. Erstens weiß man nie genau, wer für was gefährdet ist, und es ist praktisch einfach unmöglich, alle Menschen vorsorglich allen vorbeugenden Maßnahmen zu unterziehen. Immerhin gibt es sog. High-Risk-Gruppen, d. h. Personen-Gruppen, die dieser oder jener Schädigung besonders ausgesetzt oder für sie besonders disponiert sind. Autorennfahrer z. B. haben ein weit größeres Risiko für eine Hirnverletzung als der Durchschnittsmensch, und die Verwandten von Schizophrenen besitzen ein vielfach erhöhtes Risiko, ebenfalls an Schizophrenie zu erkranken. Die zweite Schwierigkeit ist die: Wer ist schon bereit, sich vorbeugenden Maßnahmen zu unterziehen, besonders wenn sie unbequem sind oder möglicherweise gar nicht ihm selbst, sondern erst der nächsten Generation zugute kommen?

Prävention ist von zwei Seiten möglich, von der Umwelt- und der Anlageseite her. Die größten Erfolge hat sie bis jetzt erzielt, wenn sie äußere Schäden ausschalten konnte und wenn sie nicht dem Verantwortungsbewußtsein und der Initiative des einzelnen überlassen blieb, sondern von Ärzten, Wissenschaftlern und Behörden übernommen wurde.

So haben die gesetzlichen Vorschriften zum Tragen von Sturzhelmen zu einem Rückgang von Hirnverletzungen geführt; die Fortschritte in Geburtshilfe, Hygiene und Infektionsverhütung haben die Zahl der hirnorganischen geistigen Schäden beim Neugeborenen herabgesetzt. Die früher in manchen Gebirgsgegenden häufige Schwachsinnsform des Kretinismus ist fast verschwunden, seit Jodmangel als Ursache erkannt und das Speisesalz jodiert worden ist. Psychohygienische Prävention umfaßt Hilfe im Einzelfall und Gruppenaktivitäten in Gestalt von Beratung, Führung, Veränderung des sozialen Milieus, tiefenpsychologischen Analysen, Aufklärung, Pädagogik und Erwachsenenbildung. Ihre Erfolgsaussichten sind unterschiedlich je nach Art der psychischen Störung.

Weniger günstig sieht die Situation aus, wenn die Vorbeugung dem einzelnen überlassen bleibt. Jedermann weiß, daß chronischer Mißbrauch von Alkohol, Schlafmitteln und Rauschdrogen zu schweren körperlichen und psychischen Schäden führt. Man möchte meinen, jeder denkende Mensch sei bestrebt, seine Gesundheit durch Vermeiden derartiger Mißbräuche zu erhalten. Dem ist aber leider nicht so und die Zahl der Personen, die durch Suchtmittel unheilbaren Schaden an Körper und Geist erleiden, nimmt ständig zu.

Bei genetischer Prävention kann man drei Stufen unterscheiden. Die erste Stufe besteht darin, bei erblichen Krankheiten, die sich nach der Geburt in Interaktion mit Umweltfaktoren entwickeln, die auslösenden Umweltfaktoren ausfindig zu machen und auszuschalten. Hierher gehört der schon öfter zitierte Phenylbrenztraubensäure-Schwachsinn. Phenylalaninfreie Diät verhütet das Auftreten geistiger Behinderung. Sie muß jedoch rechtzeitig einsetzen, d. h. bald nach Geburt, bevor noch ein Defekt am Gehirn entstanden ist. Bereits entstandene Schäden sind nicht mehr rückbildungsfähig.

Auf der zweiten Stufe steht die vorgeburtliche Diagnose. [71] Aus Fruchtwasserproben, die in Verdachtsfällen während der Schwangerschaft entnommen werden, lassen sich eine Reihe von genetischen Leiden diagnostizieren, wobei gentechnische Methoden die Möglichkeiten erweitert haben und zunehmend erweitern werden. Die Diagnose kann u. a. für Chromosomenstörungen gestellt werden, insbesondere Mongolismus, sowie für Stoffwechselkrankheiten, die häufig mit geistiger Behinderung verbunden sind. Bestätigt sich der Verdacht auf ein krankes Kind, kann die Schwangerschaft abgebrochen werden. Nur etwa 2–4 % der vorgeburtlichen Fruchtwasseruntersuchungen ergeben einen krankhaften Befund. Mindestens 96 % der gefährdeten Mütter werden von Angst und Sorge befreit und können sich beruhigt auf ihr Baby freuen. Manches Risiko-Ehepaar entschließt sich zur Fortpflanzung nur aufgrund der Tatsache, daß die vorgeburtliche Diagnose es vor kranken Kindern bewahrt und ihm so zu gesunden Nachkommen verhilft. Für die Erkennung körperlicher, erblicher und nichterblicher, Fehlbildungen des Embryos steht die ungefährliche und nicht belastende Ultraschalluntersuchung zur Verfügung. Bei Mißbildungen des Neuralrohres (z. B. offener Rückenmarkskanal, ganzes oder teilweises Fehlen des Gehirnes) läßt sich aus dem Blut der Mutter ein Eiweiß, das Alphafetoprotein isolieren. Die Fetoskopie (Betrachtung des Kindes im Mutterleib) stellt dagegen eine einschneidende Maßnahme dar.

Therapeutische und diagnostische Eingriffe innerhalb des Mutterleibes stehen im Versuchsstadium. Die Rhesuskrankheit des Neugeborenen z. B. kommt durch Unverträglichkeit der mütterlichen und väterlichen Blutgruppe zustande. Man versucht sie zu verhüten, indem man dem ungeborenen Kind eine Bluttransfusion verabreicht. Hydrocephalus und Hydronephrose (Flüssigkeitssammlungen in Gehirn und Nieren) versucht man bereits pränatal zu beseitigen. Blutentnahmen und Hautbiopsien an Feten dienen diagnostischen Zwecken.

Die letzte und gründlichste Stufe genetischer Prävention ist es, krankes Leben gar nicht erst entstehen zu lassen, sondern der Geburt kranker Personen durch Verzicht auf Kinder, Empfängnisverhütung oder Sterilisierung vorzubeugen. Dadurch unterbleibt allerdings auch die mögliche Geburt gesunder Kinder.

Geistige Behinderung kann durch Maßnahmen auf allen drei Stufen verhütet werden: Durch Ausschaltung von Umweltursachen und -auslösern, durch vorgeburtliche Diagnose und Abbruch der Schwangerschaft und durch grundsätzlichen Verzicht auf Nachkommen. Für Psychosen steht bis jetzt nur die Möglichkeit des generellen Verzichtes auf Nachkommen zur Verfügung.

Zur Entscheidung eines Ehepaares, ob es verantwortlich sei, Kinder in die Welt zu setzen oder nicht, ist eine gut fundierte genetische Beratung hilfreich. [56] Die Verhütung der Geburt schwer erbkranker Kinder wirkt in erster Linie für die betroffenen Familien segensreich, der bevölkerungsaufbessernde Effekt ist weit geringer. Überhaupt hat bei der genetischen Beratung eine Verlagerung des Blickfeldes vom Kollektiven auf individuelle Belange stattgefunden. 1969 verlieh der Weltgesundheitsrat dem Ausdruck, indem er feststellte, der genetische Berater dürfe kein genetisches Programm zum Nutzen zukünftiger Generationen verfolgen, wenn es in Widerspruch zu den unmittelbaren Interessen seines Patienten stehe. Man hat also in erster Linie das Wohl des einzelnen und seiner Familie im Auge und erst in zweiter Linie das Wohl der Allgemeinheit. Häufig ist allerdings beides identisch.

Manipulation

An dem Thema „Menschenzüchtung“ haben sich einst wilde Spekulationen entzündet. Heere konformer Geschöpfe, seien es sture Arbeitsroboter, einseitige Naturwissenschaftler („Fachidioten“), aggressive Supersoldaten, oder Spezialzüchtungen, wie Menschen mit Stummelbeinen für die Raumfahrt oder Froschmänner mit flossenähnlichen Händen und Füßen, spukten durch die Diskussion. Je schauerlicher und phantasievoller ein Autor die eventuellen Möglichkeiten ausmalte, um so sicherer konnte er sein, öffentliches Interesse zu erregen und gelesen zu werden. [54] Derartige Gedankenspiele sind um so makabrer, als es Menschen mit stummelartigen Gliedmaßen oder mit schwimmhautähnlich verwachsenen Fingern und Zehen tatsächlich gibt. Es handelt sich um teils erbliche, teils nichterbliche Mißbildungen, und ihre Träger sind keineswegs für irgend etwas besonders geeignet, sondern insgesamt behindert und krank.

Aber auch ohne utopische Auswüchse ist gelenkte Fortpflanzung zwecks Vermehrung erwünschter und Ausmerzung unerwünschter Eigenschaften, insbesondere psychischer Eigenschaften, ein fragwürdiges Unternehmen – und zwar fragwürdig nicht nur aus ethischer Sicht, sondern auch hinsichtlich des praktischen Erfolges.

Erstens einmal wissen wir gar nicht genau, was wir züchten sollen; Eigenschaften, die sich in der einen Umgebung als nützlich erweisen, sind in einer anderen wertlos. Die Züchtung eines einheitlichen Menschentyps – und schiene er im Augenblick noch so ideal – wäre auf jeden Fall unzweckmäßig. Denn die körperliche und geistige Vielfalt und die Anpassungsfähigkeit des Menschen haben ihm ja gerade seine Vormachtstellung in der Welt verschafft. Je einförmiger und starrer eine Art von Lebewesen ist, um so geringer ist ihre Chance für Fortbestand und Weiterentwicklung. Zweitens können wir nicht einzelne Eigenschaften zur Fortpflanzung bringen oder von der Fortpflanzung ausschließen, sondern immer nur Menschen mit diesen Eigenschaften. Diese Menschen haben aber daneben viele andere Eigenschaften, die so schlecht oder so gut sein können, daß sie die fraglichen Eigenschaften aufwiegen. Drittens sind gerade die psychischen Merkmale des Menschen polygen, d. h. durch viele Gene bedingt und durch zahlreiche Umweltfaktoren beeinflußt. Man kann sie mit einem Mosaik vergleichen, dessen Bestandteile von den Vorfahren übernommen worden sind und in der nächsten Generation wieder auseinandergerissen und anders zusammengesetzt werden; allerdings wird die Qualität der einzelnen Mosaiksteine das Ergebnis beeinflussen. Wenn die Geburt von Menschen mit schweren erblichen Krankheiten, die es im Interesse der Betroffenen besser nicht geben würde, durch genetische Beratung und Geburtenverhütung vermieden wird, so ist dafür der reißerische Ausdruck Menschenzüchtung falsch.

Bei gelenkter Fortpflanzung denkt man heute kaum mehr an die uralte Methode der selektiven Paarung von Mensch oder Tier, sondern man denkt an künstliche Befruchtung – vielleicht mit dem Samen eines Genies aus der Samenbank –, an Retortenbabies, an Klonierung und die Bildung von Hybridomen. [98] Solche Prozeduren, die durch die Gentechnologie in den Bereich des Möglichen gerückt sind, werden von der Allgemeinheit weniger als Verheißung denn als Bedrohung empfunden. Doch sind die schlimmsten Befürchtungen nicht immer ganz real und die wirklich drängenden Probleme liegen anderswo, wie wir später sehen werden.

Bei Mensch-Tier-Hybridomen, der Verschmelzung menschlichen und tierischen Gewebes, entstehen keine Fabelwesen, sondern Mischgewebe in Zellkulturen, die für grundlagentheoretische Fragestellungen, aber auch für die praktische medizinische Diagnostik wichtige Erkenntnisse ermöglichen. Sie sind außerhalb der Kultur nicht lebensfähig.

Bei Klonierung wird der Kern einer Eizelle, der nur den halben Chromosomensatz enthält, entfernt und durch den Kern einer Körperzelle mit komplettem Chromosomensatz ersetzt. Dadurch wird die Eizelle ohne Befruchtung teilungsfähig und ein Lebewesen entsteht, welches mit dem Spender des Körperzellkerns genetisch identisch ist, so wie ein eineiiger Zwilling mit seinem Partner. Die Vorstellung einer Anwendung auf den Menschen ist beklemmend, besonders wenn man an die psychische Duplizität denkt. Andererseits ist zu bedenken, daß auch eineiige Zwillinge trotz gleicher Grundzüge in Persönlichkeit und Charakter dennoch verschiedene Gesamtpersönlichkeiten und Weltanschauungen entwickeln können.

Genetische Manipulationen des Menschen benötigen lange Zeiträume, bis sie zum Erfolg führen und allein schon aus diesem Grund dürfte die Gefahr böswilligen Mißbrauchs nicht so groß sein wie des öfteren befürchtet. Welcher gewissenlose Despot möchte 20 Jahre warten, bis die Resultate genetischer Experimente, Retortenbabies und klonierte Menschen, herangewachsen sind? Viel sicherer und rascher kann man die Menschen mit nichtgenetischen Methoden „psychisch umkrempeln". [106] Gewalt mit brutalem körperlichem und geistigem Zwang und Gehirnwäsche vermögen die geistig-seelische Kraft eines Individuums zu brechen, seine Persönlichkeit weitgehend zu verändern und große Gruppen willfähriger und gleichgeschalteter Menschen zu erzeugen. Geschickte Propaganda, massiver äußerer Druck und intensiver Drill können Verhaltensänderungen erzielen, Scheinmotivationen unterlegen und massive, gelenkte Emotionen hervorrufen. Höchstleistungen geistiger Art lassen sich allerdings dadurch nicht erzielen. Auch die systematische „Meinungsbildung" durch Massenmedien, Reklameberieselung, politische Schulung, ideologische Indoktrinierung und Suggestion darf nicht unerwähnt bleiben. Mit ihrer Hilfe wird nicht nur die öffentliche Meinung in großer und kleiner Politik manipuliert, sondern auch die persönliche Lebensführung und Anschauung bis in recht intime Details beeinflußt. Erziehung schließlich ist ein segensreiches Instrument zur Vermittlung angesammelten Wissens, zu bestmöglicher Entfaltung individueller Fähigkeiten und zur Förderung gegenseitiger Anpassung. Aber manche Eltern engen durch ihre Erziehung die Kinder eher ein, als daß sie zur Entfaltung beitragen; die Jugend mancher Bevölkerungsgruppen wird einseitig informiert und zu Haß und Feindschaft gegenüber anderen Gruppen erzogen.

Letzten Endes gehört noch die Selbstmanipulation durch Drogen hierher. Die Betroffenen handeln nicht unter äußerem Zwang, im Gegenteil, sie stellen sich Gesetzen, Verboten und gesellschaftlichen Maximen entgegen; sie protestieren keineswegs gegen die Veränderung ihrer Persönlichkeit, sondern sie suchen sie, denn sie glauben eine Erweiterung ihrer geistigen Welt zu erfahren, wo im Gegenteil eine Einengung stattfindet.

Alldem gegenüber erscheint die Gefahr böswilliger genetischer Manipulierung des Menschen gering. Auch die Wahrscheinlichkeit, daß Bakterien-Experimente außer Kontrolle geraten, daß genetisch manipulierte Bakterien versehentlich entweichen, die Erde mit Epidemien überziehen und den Weltraum verseuchen könnten, ist nicht sehr groß.

Dennoch dürfen die Risiken, die neuen Techniken immer innewohnen, nicht auf die leichte Schulter genommen werden, und Wachsamkeit ist vonnöten. Vor allem aber erheben sich auch bei Anwendung in guter Absicht und bei planmäßigem Verlauf eine Reihe ethischer Bedenken und juristischer Probleme. Drei Beispiele seien erwähnt: Haben Kinder, die mit dem Samen eines anonymen Spenders gezeugt wurden, nicht auch ein Recht darauf, ihren Vater zu kennen? Nicht alle Befruchtungen im Reagenzglas verlaufen erfolgreich, und nicht alle befruchteten und in die Gebärmutter der Mutter eingepflanzten oder einer „Leihmutter“ in „Gebärmutterpacht“ gegebenen Eizellen bleiben haften und entwickeln sich weiter. Der Arzt pflegt also mehrere Eizellen zu entnehmen und zu befruchten, um im Fall des Mißlingens über eine Reserve zu verfügen, ohne der Frau einen neuerlichen Eingriff zumuten zu müssen. Gelingt aber gleich der erste Versuch, was soll mit den überschüssigen befruchteten Eizellen, Embryonen im ersten Stadium, geschehen? Darf man sie für Versuche verwenden? Soll man sie einfach wegschütten? Gilt nicht auch schon für sie der Schutz des werdenden Lebens? Schließlich: Ist es wirklich ein Segen, wenn vor- und nachgeburtliche Diagnostik so weit fortgeschritten sein werden, daß für jeden Säugling vorausgesagt werden kann, an welchen Erbleiden er im Lauf seines Lebens erkranken wird?

Nicht nur in der Humangenetik, auch in anderen Forschungsrichtungen, der Physik z. B., stößt die Forschung an Grenzen, jenseits derer es möglicherweise nicht mehr genügt, davon abzusehen, Wissen in Handeln umzusetzen, sondern wo vielleicht schon auf den Erwerb von weiterem Wissen verzichtet werden sollte. Aber ist das möglich? Lassen sich einmal ins Rollen gebrachte Entwicklungen aufhalten? Befolgen bestehender Gesetze genügt nicht, und die Einführung neuer Gesetze hilft nicht, sondern bürokratisiert nur. Die Wissenschaftler aller Disziplinen sind aufgerufen, in strenger Selbstverantwortung zu handeln und es ist zu hoffen, daß nicht nur die erdrückende Mehrheit, sondern wirklich alle dazu gewillt sind.

SCHLUSSWORT

Das Büchlein hat versucht, einen gewissen Überblick über das verwickelte Problem der Anlage-Umwelt-Interaktion bei der Entstehung psychischer Störungen zu geben. Der Leser möge etliche Vereinfachungen und Vergröberungen verzeihen. Sie verdanken ihr Dasein einmal dem beschränkten Raum, zum anderen dem Bestreben, Sachverhalte, die schon für den Spezialisten schwierig sind, auch dem Nichtfachmann einigermaßen verständlich darzustellen.

Da die Verfasserin auf dem Gebiet der Genetik arbeitet, stehen naturgemäß genetische Aspekte im Vordergrund. Es ist aber hoffentlich deutlich geworden, wie wichtig auch die Umwelt ist und wie notwendig eine synthetisierende Betrachtungsweise. Forschung tut von beiden Seiten her not, und wachsendes Wissen um die Vorgänge und auf dem einen Gebiet bedeutet gleichzeitig zunehmende Kenntnis auch auf dem anderen Gebiet. Paradoxerweise können wir die belebte und unbelebte Umwelt um so besser und zweckmäßiger verändern und gestalten, je genauer wir um die erbliche Beschaffenheit des Menschen und der sonstigen Lebewesen Bescheid wissen!

Auch wenn man die Bedeutung der Erbfaktoren anerkennt, bleibt die Rolle und die Wirkung der Umwelt faszinierend genug. Bezieht man beide Größen in Forschung und Überlegung mit ein, so werden Sachverhalte und Forschungsstrategien zwar komplizierter. Auf der anderen Seite aber werden die Ergebnisse befriedigender, und manches klärt sich, was bei Berücksichtigung nur einer Komponente rätselhaft blieb.

LITERATUR

[1] Akesson, H. O.: Epidemiology and genetics of mental deficiency in a Southern Swedish population. Almquist & Wiksell, Uppsala 1961.

[2] Akesson, H. O.: Risk figures in mental deficiency. In: B. W. Richard (Ed.): Proc. Assoc. Scient. Study of Mental Retardation. Montpellier 1967, 1968.

[3] Amark, C.: A study in alcoholism. Acta psychiat. Scand. (Kbh.) Suppl. *70* (1951), 1.

[4] Arieti, S.: The origins and development of the psychopathology of schizophrenia. In: M. Bleuler, J. Angst (Hrsg.): Die Entstehung der Schizophrenie. Huber, Bern–Stuttgart–Wien 1971.

[5] Arnold, O. H., H. Hoff: Synthese in der Schizophreniefrage. Med. Klin. *53* (1958), 8.

[6] Bateson, G., D. D. Jackson, H. Haley et al.: Schizophrenie und Familie. Suhrkamp, Frankfurt a. M. 1969.

[7] Becker, P. E.: Persönlichkeit und Neurosen in der Zwillingsforschung. In: A. Heigl-Evers, H. Schepank (Hrsg.): Ursprünge seelisch bedingter Krankheiten. Eine Untersuchung an 100+9 Zwillingspaaren mit Neurosen und psychosomatischen Erkrankungen. Vandenhoeck & Ruprecht, Göttingen 1980 u. 1981.

[8] Benedetti, G.: Psychogenese und biologische Entwicklung. Fortschr. Neurol. Psychiat. *39* (1971), 1.

[9] Biermann, G.: Die seelische Entwicklung des Kindes im Familienmilieu Schizophrener. Schweiz. Arch. Neurol. *97* (1966), 87.

[10] Bleuler, M., J. Angst (Hrsg.): Die Entstehung der Schizophrenie. Huber, Bern–Stuttgart–Wien 1971.

[11] Bresch, C., R. Hausmann: Klassische und molekulare Genetik. 3., erweiterte Auflage. Springer, Berlin–Heidelberg–New York 1972.

[12] Christiansen, K. O.: The genesis of aggressive criminality: Implications of a study of crime in a Danish twin study. In: J. de Wit, W. W. Hartup (Eds.): Determinants and origins of aggressive behavior. Mouton, The Hague 1974.

[13] Coppen, A., V. Cowie, E. Slater: Familial Aspects of "Neuroticism" and "Extraversion". Brit. J. Psychiat. *111* (1965), 70.

[14] Crowe, R. R.: An adoption study of antisocial personality. Arch-Gen. Psychiatry *31* (1974), 785.

[15] Curtis, B. A., S. Jacobson, E. M. Marcus: An introduction to the

neurosciences. W. B. Saunders, Philadelphia–London–Toronto 1972.

[16] Dalgard, O. S., E. Kringlen: A Norwegian twin study of criminality. Brit. J. Criminology *16* (1976), 213.

[16 a] Degenhardt, K. H. (Hrsg.): Humangenetik. Deutscher Ärzte-Verlag, Lövenich–Köln 1973.

[17] Dobzhansky, Th.: Dynamik der menschlichen Evolution. S. Fischer, Frankfurt a. M. 1965.

[18] Dobzhansky, Th.: Vererbung und Menschenbild. Nymphenburger, München 1966.

[19] Dunham, H. W.: Society, culture, and mental disorder. Arch. Gen. Psychiatry *33* (1976), 147.

[20] Erlenmeyer-Kimling, L., L. F. Jarvik: Genetics and intelligence. A review. Science *142* (1963), 1477.

[21] Essen-Möller, E.: Über die Schizophreniehäufigkeit bei Müttern von Schizophrenen. Schweiz. Arch. Neurol. Psychiat. *91* (1963), 260.

[22] Eysenck, H. J.: Die Ungleichheit der Menschen. List, München 1975.

[23] Eysenck, H. J. (Ed.): A model for personality. Springer, Berlin–Heidelberg–New York 1981.

[24] Feuerlein, W.: Alkoholismus, Mißbrauch und Abhängigkeit. Thieme, Stuttgart 1979.

[25] Fischer, M.: Umweltfaktoren bei der Schizophrenie. (Intrapaarvergleiche bei eineiigen Zwillingen.) Nervenarzt *43* (1972), 230.

[26] Fischer, M., B. Harvald, M. Hauge: A Danish twin study of schizophrenia. Brit. J. Psychiat. *115* (1969), 981.

[27] Foudraine, J.: Wer ist aus Holz?, Piper, München 1973.

[28] Freedman, D. G.: Genetic influences on the development of behavior. In: G. B. A. Stoelinga, J. J. van der Werff Then Bosch (Eds.): Normal and Abnormal Development of Brain and Behaviour. Leiden University Press 1971.

[29] Freud, S. 1912: Zitiert nach H. Schepank, 1971.

[30] Freyhan, F. A.: Schizophrenic families. Eugen. Quart. *6* (1959), 225.

[31] Gershon, E. S., S. Matthysse, X. O. Breakefield, R. D. Ciaranello (Eds.): Genetic research strategies in psychobiology and psychiatry. Psychobiology and psychopathology, Vol. I. Elsevier/North-Holland Biomedical Press, Amsterdam–New York–Oxford 1981.

[32] Goodwin, D.: Is alcoholism hereditary?, Oxford University Press, New York 1976.

[33] Gottesman, I. I.: Differential inheritance of the psychoneuroses. Eugen. Quart. *9* (1962), 223.

[34] Gottschaldt, K.: Das Problem der Phänogenetik der Persönlichkeit. In: Ph. Lersch, H. Thomae (Hrsg.): Handb. d. Psychologie. Bd. 4. Hogrefe, Göttingen 1960.

[35] Grenell, R. G., S. Gabay (Eds.): Biological foundations of psychiatry. Raven Press, New York 1976.
[36] Griesinger, W.: Die Pathologie und Therapie der psychischen Krankheiten. Stuttgart 1845. Neudruck d. 3. Aufl. v. 1867 bei E. J. Bonset, Amsterdam 1964.
[37] Hanson, D. R., I. I. Gottesman, L. H. Heston: Some possible childhood indicators of adult schizophrenia inferred from children of schizophrenics. Brit. J. Psychiatry *129* (1976), 142.
[38] Hare, E. H.: Mental illness and social conditions in Bristol. J. ment. Sci. *102* (1956), 349.
[39] Heber, R., H. Garber: An experiment in prevention of cultural-familial mental retardation. In: D. A. A. Primrose (Ed.): Proc. 2nd. Cong. Int. Ass. Scient. Study of Mental Deficiency. Warsaw 1970, Polish Medical Publ., Warsaw 1971.
[40] Heigl-Evers, A., H. Schepank: Ursprünge seelisch bedingter Krankheiten. Eine Untersuchung an 100+9 Zwillingspaaren mit Neurosen und psychosomatischen Erkrankungen. Vandenhoeck & Ruprecht, Göttingen 1980 u. 1981.
[41] Helmchen, H., H. Hippius (Hrsg.): Entwicklungstendenzen biologischer Psychiatrie. Thieme, Stuttgart 1976.
[42] Heston, L. L.: Psychiatric disorders in foster home reared children of schizophrenic mothers. Brit. J. Psychiat. *112* (1966), 819.
[43] Heston, L. L., J. Shields: Homosexuality in twins. Arch. Gen. Psychiat. *18* (1968), 149.
[44] Hirsch, S. R.: Eltern als Verursacher der Schizophrenie. Der wissenschaftliche Stand einer Theorie. Nervenarzt *50* (1979), 337.
[45] Hollingshead, A. B., F. C. Redlich: Social Class and Mental Illness. Wiley, New York 1958.
[46] Honzik, M. P.: Developmental studies of parent-child resemblance in intelligence. Child Developm. *28* (1957).
[47] Huber, G., E. Zerbin-Rüdin: Schizophrenie. Wissenschaftliche Buchgesellschaft, Darmstadt 1979.
[48] Hutchings, B., S. A. Mednick: Registered criminality in the adoptive and biological parents of registered male adoptees. In: S. A. Mednick et al. (Eds.): Genetics, environment and psychopathology. North Holland, Amsterdam 1974.
[49] Juel-Nielsen, N.: Individual and environment. A psychiatric-psychological investigation of monozygotic twins reared apart. Acta Psychiat. Scand. Suppl. *183* (1965), 1.
[50] Kaij, L.: Studies on the etiology and sequels of abuse of alcohol. Lund, Akad. Avh. 1960.
[51] Kallmann, F. J.: Twin and sibship study of overt male homosexuality. J. Hum. Gen. 4 (1952), 136.
[52] Kallmann, F. J.: Genetic factors in aging: comparative and longitudinal observations on a senescent twin population. In:

O. H. Hoch, J. Zubin (Eds.): Psychopathology of aging. Grune & Stratton, New York 1961.

[53] Kamin, L. J.: The science and politics of IQ. Lawrence Erlbaum Assoc., Hillsdale (N. Y.) 1974.

[54] Kaufmann, R.: Die Menschenmacher. S. Fischer, Frankfurt a. M. 1964.

[55] Klaus, R. A., S. W. Gray: The early training project for disadvantaged children: A report after five years. Monograph. of the Society for Research on Child Development. *33*/4, Ser. No. 120 (1968).

[56] Koch, G.: Genetische Beratungen bei neurologischen und psychiatrischen Erkrankungen. Allgemeine Richtlinien. In: K. A. Flügel (Hrsg.): Neurologische und psychiatrische Therapie. Verlag perimed, D. Straube, Erlangen 1978.

[57] Koch, G.: Results of the 40-year, longitudinal study of a series of twins of Berlin (450 monozygotic and dizygotic twin pairs). In: Twin Research 3: Epidemiodogical and clinical studies. Alan R. Liss, New York 1981.

[58] Konorski, J.: Integrative activity of the brain. An interdisciplinary approach. Univ. of Chicago Press 1967.

[59] Kral, V. A.: Psychiatric observations under severe chronic stress. Amer. J. Psychiat. *108* (1951), 185.

[60] Kranz, H.: Lebensschicksale krimineller Zwillinge. Springer, Berlin 1936.

[61] Lange, J.: Verbrechen als Schicksal. Studien an kriminellen Zwillingen. Thieme, Leipzig 1929.

[62] Lenz, W.: Medizinische Genetik. Thieme, Stuttgart 1983.

[63] Lorenz, K.: Das sogenannte Böse. Borotha-Schoeler Verlag, Wien 1963.

[64] Lorenz, K.: Über tierisches und menschliches Verhalten. Bd. I und Bd. II. Piper, München 1971.

[65] Lykken, D. T., T. J. Bouchard: Genetische Aspekte menschlicher Individualität. In: mannheimer forum 83/84, Studienreihe Boehringer-Mannheim GmbH, Mannheim.

[66] Malzberg, B.: Mental disease among Svedish-born and nativeborn of Svedish parentage in New York State 1949–1951. Acta. psychiat. scand. *38* (1962), 79.

[67] Mednick, S. A., F. Schulsinger: Some premorbid characteristics related to breakdown in children with schizophrenic mothers. In: D. Rosenthal, S. S. Kety (Eds.): The Transmission of Schizophrenia. Pergamon Press, Oxford 1968.

[68] Meyendorf, R.: Hirnembolie und Psychose. J. Neurol. *213* (1976), 163.

[69] Meyer, H. H. (Hrsg.): Seelische Störungen. Umschau, Frankfurt a. M. 1969.

[70] Monod, J.: Zufall und Notwendigkeit. Piper, München 1971.
[71] Murken, J. D., S. Stengel-Rutkowski (Hrsg.): Pränatale Diagnostik. Ferdinand Enke Verlag, 1978.
[71 a] Neuhäuser, G.: Genetische Aspekte der Behinderung. C. Marhold, Berlin 1982.
[72] Ödegaard, Ö.: Die Epidemiologie der Psychosen. Nervenarzt *42* (1971), 569.
[73] Partanen, J., K. Bruun, T. Markkanen: Inheritance of drinking behaviour. The Finnish Foundation for Alcohol Studies. Helsinki 1966.
[74] Penrose, L.: Einführung in die Humangenetik. Heidelberger Taschenbücher Bd. 4. 2., erw. u. verb. Aufl. Springer, Berlin–Heidelberg–New York 1973.
[75] Pfeiffer, W.: Transkulturelle Psychiatrie. Sammlung psychiatrischer und neurologischer Einzeldarstellungen. Thieme, Stuttgart 1971.
[76] Popper, K. R., J. C. Eccles: Das Ich und sein Gehirn. Piper, München–Zürich 1982.
[77] Propping, P.: Einfluß genetischer Faktoren auf die Entstehung von Alkoholismus. Deutsche Apothekerzeitung *121* (1981), 1543.
[78] Rainer, J. D.: Genetische Gesichtspunkte bei Homosexualität. Dtsch. Med. Wschr. *87* (1962), 377.
[79] Rosenthal, D.: Genetic Theory and Abnormal Behavior. McGraw-Hill Book Company, New York 1970.
[80] Rosenthal, D., S. S. Kety (Eds.): The Transmission of Schizophrenia. Pergamon Press, Oxford 1968.
[81] Rüdin, E.: Studien über Vererbung und Entstehung geistiger Störungen I. Zur Vererbung und Neuentstehung der Dementia praecox. Monogr. Neurol. Psychiat. Springer, Berlin 1916.
[82] Sartorius, N., T. A. Lambo: International collaboration in schizophrenia research. In: D. Kemali, G. Bartholini, D. Richter (Eds.): Schizophrenia today. Pergamon Press, Oxford 1976.
[83] Schadé, J. P.: Die Funktion des Nervensystems. G. Fischer, Stuttgart 1973.
[84] Schepank, H.: Erb- und Umwelteinflüsse bei 50 neurotischen Zwillingspaaren. Z. Psychother. med. Psychol. *21* (1971), 41.
[85] Schepank, H.: Intelligenzentwicklung. Genetische und psychosoziale Determinanten. Dtsch. Ärztbl. 70 (1973), 343.
[86] Schneider, K.: Die psychopathischen Persönlichkeiten. Franz Deuticke, Leipzig und Wien 1934.
[87] Schulte, W.: Die Auswirkungen der Schizophrenie auf ihre Umwelt. Nervenarzt *39* (1968), 98.
[88] Schutz, F.: Homosexualität und Prägung. Psychologische Forschung. *28* (1965), 439.
[89] Shields, J.: Monozygotic twins brought up apart and brought up

together. Oxford University Press, London–New York–Toronto 1962.

[90] Shields, J.: Genetics and alcoholism. In: G. Edwards, M. Grant (Eds.): Alcoholism: New knowledge and new responses. Croom Helm, London 1977.

[91] Shields, J.: Polygenic influences. In: M. Rutter, L. A. Hersov (Eds.): Child psychiatry. Blackwell, Oxford–London–Edinburgh 1977.

[92] Skodak, M.: Adult status of individuals who experienced early intervention. Proc. 1rst Congr. Int. Ass. Scient. Study Mental. Deficiency. Montpellier 1967/1968.

[93] Skodak, M., H. M. Skeels: A final follow-up study of one hundred adopted children. J. Genet. Psych. *75* (1949), 85.

[94] Slater, E.: Genetical factors in neurosis. Brit. J. Psychol. *55* (1964), 265.

[95] Slater, E., V. Cowie: The Genetics of Mental Disorders. Oxford Univ. Press; London–New York–Toronto 1971.

[96] Spiegel: Macht der Gene. *34*, Nr. 17 (1980), 229.

[97] Spitz, R. A.: The first year of life. Int. Univ. Press, New York 1965.

[98] Starlinger, P.: Medizinische Gentechnologie: Möglichkeiten und Grenzen. Deutsch. Ärzteblat *81* (1984), 2091.

[99] Stern, C.: Grundlagen der Humangenetik. G. Fischer, Stuttgart 1968.

[100] Stoelinga, G. B., J. J. Van der Werff Ten Bosch (Eds.): Normal and abnormal development of brain and behaviour. Leiden University Press 1971.

[101] Stumpfl, F.: Die Ursprünge des Verbrechens, dargestellt am Lebenslauf von Zwillingen. Thieme, Leipzig 1936.

[102] Stumpfl, F.: Kriminalität und Vererbung. In: Just, G. (Hrsg.): Handbuch der Erbbiologie des Menschen, Bd. V/2. Springer, Berlin 1939.

[103] Sundby, P.: Occupation and insanity. Acta psychiat. scand. Suppl. *106* (1956), 276.

[104] Symonds, C. P.: The human response to flying stress. Brit. med. J. *703*.

[105] Teilhard de Chardin, P.: Die Stellung des Menschen im Kosmos. C. H. Beck, München 1965.

[106] Thomas, K.: Die künstlich gesteuerte Seele. Enke, Stuttgart 1970.

[107] Thorpe, W. H.: Der Mensch in der Evolution. Naturwissenschaft und Religion. Nymphenburger, München 1969.

[108] v. Verschuer, O.: Wirksame Faktoren im Leben des Menschen. Beobachtungen an ein- und zweieiigen Zwillingen durch 25 Jahre. Steiner, Wiesbaden 1954.

[109] Vogel, F., P. Propping: Ist unser Schicksal mitgeboren?, Severin und Siedler, Berlin 1981.

[110] Wald, I.: Estimation of genetical parameters from a representative sample of the low-grade mentally retarded. In: Abstracts 4, Int. Cong. Human Genetics. Paris, Sept. 1971.

[111] Wender, P. H., D. Rosenthal, S. S. Kety, F. Schulsinger, J. Welner: Cross-fostering: A research strategy for clarifying the role of genetic and experimental factors in the etiology of schizophrenia. Arch. Gen. Psychiatry *30* (1974), 121.

[112] WHO: International pilot study of schizophrenia. Vol. 1, WHO, Geneva 1973. Vol. 2, WHO, Geneva 1973.

[113] Yoshimasu, S.: The criminological significance of the family in the light of the studies of criminal twins. Acta Crim. Med. leg. Jap. *27* (1961), 117.

[114] Zerbin-Rüdin, E.: Endogene Psychosen. In: P. E. Becker (Hrsg.): Handbuch der Humangenetik, Bd. V/2. Thieme, Stuttgart 1967.

[115] Zerbin-Rüdin, E.: Vererbung und Intelligenz. Verh. Dtsch. Zool. Ges. 1975, 29. G. Fischer, Stuttgart 1975.

[116] Zerbin-Rüdin, E.: Genetische Aspekte psychischer Störungen. In: U. Baumann, H. Berbalk, G. Seidenstücker (Hrsg.): Klinische Psychologie. Trends in Forschung und Praxis, Bd. 1. Huber, Bern–Stuttgart 1978.

[117] Zerbin-Rüdin, E.: Psychiatrische Genetik. In: K. P. Kisker, J. Meyer, C. Müller, E. Strömgren (Hrsg.): Psychiatrie der Gegenwart, Bd. I/2. 2. Aufl., Springer, Berlin–Heidelberg–New York 1980.

[118] Zerbin-Rüdin, E.: Genetische Aspekte der Persönlichkeit. Z. f. Kinder u. Jugendpsychiatrie *10* (1982), 138.

[119] Zerbin-Rüdin, E.: Ursachen und Folgen der Drogensuchten aus genetischer Sicht. In: V. Faust (Hrsg.): Suchtgefahren in unserer Zeit. Compendium Psychiatricum. Hippokrates, Stuttgart 1983.

[120] Zerbin-Rüdin, E.: Gegenwärtiger Stand der Zwillings- und Adoptionsstudien zur Kriminalität. In: H. Göppinger, R. Vossen (Hrsg.): Kriminologische Gegenwartsfragen Bd. 16, Humangenetik und Kriminologie, Kinderdelinquenz und Frühkriminalität. Enke, Stuttgart 1984.

SACHVERZEICHNIS